بسم الله الرحمن الرحيم

حق عودة اللاجئين الفلسطينيين

بين حل الدولتين ويهودية الدولة

تأليف

د. نادية سعد الدين

مركز الزيتونة للدراسات والاستشارات

بيروت – لبنان

The Palestinian Right of Return:
Between the Two-State Solution
and the Jewishness of the State

By:
Dr. Nadia Said Al Deen

© جميع الحقوق محفوظة

2011 م - 1432 هـ

بيروت - لبنان

ISBN 978-9953-500-98-0

مركز الزيتونة للدراسات والاستشارات

تلفون: 44 36 80 1 961+

تلفاكس: 43 36 80 1 961+

ص.ب: 14-5034، بيروت - لبنان

بريد إلكتروني: info@alzaytouna.net

الموقـع: www.alzaytouna.net

إخراج

مروة غلاييني

تصميم الغلاف

حسن ابحيص

طباعة

Golden Vision sarl +961 1 820434

فهرس المحتويات

3

4

المقدمـة

يكتنف "حلّ الدولتين"، الذي يشكل أُسّ التزام الإدارة الأمريكية للجانب الفلسطيني، كثيراً من التساؤلات والإشكاليات ذات العلاقة بمصير قضايا الوضع النهائي، كقضية اللاجئين الفلسطينيين، في الوقت الذي تنبعث فيه مقترحات -إسرائيلية أمريكية في الأساس- تتجه صوب جعل "الدولة المؤقتة" بديلاً عن "الوضع النهائي" وليس حلاً يدرج في إطار تسوية شاملة للصراع العربي – الإسرائيلي بصفته أحد مخرجاته التفاوضية، أي بمعنى "الدولة" قبل الحل النهائي، بخاصة إذا أخذنا بالاعتبار الموقف الإسرائيلي من ماهية وكُنْه "الدولة المقترحة"، وسياسات فرض الأمر الواقع على الأرض التي تنتهجها سلطات الاحتلال لاستلاب الأرض والتاريخ معاً.

ويرتكز المقترح الأمريكي، لاستئناف المفاوضات الفلسطينية – الإسرائيلية المباشرة، على التوصل إلى اتفاق إطار حول قضايا الوضع النهائي (اللاجئين والقدس والاستيطان والحدود والأمن والمياه) يمتد خلال عام، تمهد بعدها لإعلان قيام الدولة الفلسطينية، فيما يجري التطبيق خلال سنوات، مما يضع تساؤلات حول إمكانية بلوغ اتفاق الإطار ومدى الالتزام بتطبيقه، في ظلّ سياسة الاحتلال التهويدية والاستيطانية، ورفضه للحقوق الوطنية الفلسطينية المشروعة في تقرير المصير وحقّ العودة.

وتبرز إحدى الإشكاليات المصاحبة للمفاوضات، التي فشلت قبل أن تبدأ بسبب رفض حكومة الاحتلال الإسرائيلي وقف الاستيطان، اشتراط الاعتراف الفلسطيني بـ"يهودية الدولة"، حيث لم يعد الكيان الإسرائيلي يكتفي بالاعتراف به كدولة ذات سيادة وكأمر واقع وإنما دولة يهودية ذات شرعية دولية بالاتفاقيات والأعراف والقانون الدولي، بما يمنحها مشروعية تاريخية ودينية وقانونية مزعومة، تحمل مخاطر إسقاط حقّ عودة اللاجئين الفلسطينيين إلى ديارهم وأراضيهم التي هُجّروا منها بفعل العدوان الإسرائيلي سنة 1948 وحرمان المواطنين الفلسطينيين في فلسطين المحتلة سنة 1948 من حقهم في وطنهم وأرضهم.

ومنذ طرح ما بات يعرف برؤية الرئيس الأمريكي السابق جورج بوش الابن George W. Bush حول حلّ الدولتين، التي ضمّنتها خطة خريطة الطريق كصياغة وضعتها اللجنة الدولية الرباعية Quartet (الولايات المتحدة الأمريكية والاتحاد الأوروبي وروسيا والأمم المتحدة) سنة 2003، تتواتر محاولات سلطات الاحتلال لتضمين "يهودية الدولة" في إطار أي اتفاق يتم التوصل إليه، على غرار ما حدث في مؤتمر أنابوليس Annapolis Conference الذي عقد في 2007/11/27 في الولايات المتحدة الأمريكية برعاية الرئيس بوش ومشاركة رئيس السلطة الوطنية الفلسطينية محمود عباس ورئيس الوزراء الإسرائيلي السابق إيهود أولمرت Ehud Olmert وحضور 50 دولة، غير أن تلك المحاولات كانت تجابه برفض فلسطيني عربي حتى الآن.

وترافق اشتراط الاعتراف بـ"يهودية الدولة" مع مشاريع إسرائيلية غربية "تسووية" تدعو في مجملها إلى توطين اللاجئين في أماكن تواجدهم، فيما يحمل بعضها الآخر حلولاً ذات صبغة إنسانية اقتصادية. غير أن الخطاب السياسي الفلسطيني العربي التزم بالقرار الدولي 194 الصادر سنة 1948، والذي تمّ إيراده في المبادرة العربية للسلام التي أقرت في قمة بيروت 2002، وأعيد التمسك بها في قمة الرياض 2007 وقمة الدوحة 2009 وقمة سرت 2010، وتنص على الانسحاب الإسرائيلي من الأراضي العربية المحتلة سنة 1967، والتوصل إلى حلّ عادل لقضية اللاجئين الفلسطينيين يُتفق عليه وفق القرار الدولي 194، وقيام دولة فلسطينية مستقلة على حدود 1967/6/4 وعاصمتها القدس المحتلة، مقابل الاعتراف بـ"إسرائيل" وإقامة علاقات كاملة معها بما في ذلك التطبيع.

في ضوء ما سبق، فإن هذه الدراسة تهدف إلى محاولة البحث في مدى إمكانية تطبيق حقّ عودة اللاجئين الفلسطينيين في إطار حلّ الدولتين، وفي ظلّ الاشتراط الإسرائيلي تضمين أي اتفاق باعتراف فلسطيني بـ"يهودية دولة إسرائيل".

الفصل الأول: اللاجئون الفلسطينيون: معطيات رقمية وقانونية

تُعرِّف وكالة الأمم المتحدة لإغاثة وتشغيل اللاجئين الفلسطينيين في الشرق الأدنى (الأونروا) United Nations Relief and Works Agency for Palestine Refugees in the Near East (UNRWA)، التي أنشئت بقرار رقم 302 الصادر عن الجمعية العامة للأمم المتحدة في 1949/12/8، اللاجئ الفلسطيني بأنه الشخص الذي كانت إقامته الطبيعية في فلسطين لمدة لا تقل عن سنتين قبل الحرب الإسرائيلية – العربية عام 1948، والذي فقد بيته وسبل معيشته نتيجة الصراع، وبحث عن ملجأ في المناطق التي تضم اليوم الأردن وسورية ولبنان والضفة الغربية وقطاع غزة، إضافة إلى المتحدرين المباشرين من اللاجئين المسجلين، باعتبارهم جميعاً مستحقين لمساعدات الوكالة[1].

وقد تعرض تعريف الأونروا للاجئين الفلسطينيين[2] إلى انتقادات طالت عدم شموليته لفئات أخرى من اللاجئين. حيث استبعد التعريف اللاجئين الفلسطينيين الذين طردوا من ديارهم سنة 1948 وأقاموا في مناطق أخرى لا تقع ضمن دائرة عمليات الوكالة، واللاجئين الموجودين في الأراضي الفلسطينية المحتلة سنة 1948 حيث كانوا أساساً تحت مسؤولية الوكالة لكنهم استثنوا لاحقاً على افتراض أن الكيان الإسرائيلي يعالج وضعهم، إضافة إلى سكان من قطاع غزة والضفة الغربية ومتحدرين منهم ممن نزحوا أول مرة سنة 1967، وأفراد رحّلتهم قوات الاحتلال الإسرائيلي عن الضفة وغزة بعد سنة 1967، إلى جانب من أطلق عليهم صفة "القادمون المتأخرون" ممن غادروا الأراضي المحتلة بغرض الدراسة أو زيارة أقارب أو لأغراض العمل والزواج، وانتهى مفعول إقامتهم فمنعتهم سلطات الاحتلال من العودة لاحقاً، إلى جانب الفلسطينيين الذين كانوا خارج فلسطين الواقعة آنذاك تحت الانتداب البريطاني حينما اندلعت حرب 1948 أو كانوا خارج المناطق مع نشوب حرب 1967 ومنعتهم

"إسرائيل" من العودة. وتعدّ مسألة تحديد وتعريف اللاجئين الفلسطينيين موضع جدل ونقاش مستمرين، ما أدى إلى توقف المفاوضات الثنائية ومفاوضات متعددة الأطراف حول اللاجئين التي تمخضت عن مؤتمر مدريد للسلام سنة 1991.

وتقدر الأونروا عدد اللاجئين الفلسطينيين المسجلين لديها حتى منتصف سنة 2010 بنحو 4 ملايين و820 ألف لاجئ فلسطيني، يقيم قرابة مليون و417 ألف منهم في 58 مخيماً في مناطق عمليات الوكالة الخمس، الأردن وسورية ولبنان والضفة الغربية وقطاع غزة[3]. غير أن هذه الأرقام لا تعدّ مسحاً سكانياً شاملاً، ذلك أن سجلات الأونروا تعتمد على معلومات يتقدم بها اللاجئون طواعية ليستفيدوا من الخدمات التي يستحقونها، وهناك لاجئون فلسطينيون في مناطق عمليات الوكالة غير مسجلين لديها على الرغم من استحقاقهم لذلك، إضافة إلى أن بعض هؤلاء المسجلين يعيشون خارج منطقة العمليات، وهناك أشخاص يعدّون لاجئين حقيقيين نزحوا عن فلسطين سنة 1948 أو أشخاص ينحدرون منها مباشرة ولم يسجلوا لدى الأونروا مطلقاً.

ووفق إحصائيات رقمية تقديرية، فإن عدد الفلسطينيين الإجمالي يقدر مطلع سنة 2011 بنحو 11.1 مليون، يعيش نحو 48% منهم في فلسطين بحدودها التاريخية المعروفة، بينما يتوزع قرابة 39% في المناطق المجاورة بفلسطين المحتلة، مما يعني أن نحو 87% من الفلسطينيين ما يزالون ملتصقين بالوطن وجدانياً على الرغم من كل أشكال الحروب والاحتلال والاضطهاد التي يتعرضون إليها. أما النسبة المتبقية من الفلسطينيين فنصفها يقطن في دول الخليج العربي وبعض الأقطار الأخرى، فيما يقطن النصف الآخر في بلاد أجنبية[4].

ويعيش اللاجئون الفلسطينيون في مناطق اللجوء ضمن أوضاع سياسية وقانونية واجتماعية واقتصادية سيئة، بالرغم من تبني مجلس جامعة الدول العربية سنة 1952 سلسلة قرارات تمنح اللاجئين حقوق الإقامة والعمل على قدم المساواة مع مواطني الدول الأعضاء في الجامعة، غير أن تنفيذ هذه القرارات تفاوت من دولة لأخرى.

8

وبشكل عام نستطيع القول أن مجمل اللاجئين يتشاركون في وضعية مجتمعية سيئة، بينما يتمايزون فيما بينهم بالأوضاع القانونية والسياسية. فبينما يتمتع القسم الأكبر من اللاجئين الفلسطينيين في الأردن والمسجلين لدى الأونروا والمقدر عددهم بنحو مليوني لاجئ، بالمواطنة الأردنية، نجد أن الأمر مختلفاً عند الحديث عن وضع اللاجئين في سورية، والمقدرين بنحو 478 ألف حتى 2010/6/30، فهم يحظون بقسط كبير من الاندماج الاقتصادي والاجتماعي، ويتمتعون بخدمات متعادلة مع المواطن السوري تقريباً مما توفره الدولة في حقول الإغاثة الاجتماعية والتعليم وفرص التوظيف، دون التمتع بالحقوق السياسية كما هو الحال في الأردن.

وتوصف أوضاع اللاجئين في لبنان، الذي يضم زهاء 427 ألفاً حسب إحصائيات الوكالة حتى منتصف سنة 2010، بالأكثر سوءاً مقارنة بسواها من دول اللجوء الأخرى. وبالرغم من السماح لهم أخيراً بالعمل في مهن كانت محظورة عليهم في السابق، إلا أن هناك مهناً كثيرة وأساسية ما زالوا ممنوعين منها. كما أنهم يعانون من تدني الخدمات الاجتماعية والتعليمية وسوء حال البنية التحتية، إضافة إلى الاكتظاظ السكاني، والظروف البيئية السيئة، والمساكن المفتقرة لمعايير السلامة في المخيمات، إلى جانب افتقارهم للحقوق السياسية والقانونية. فيما تأخذ أوضاع اللاجئين في الأراضي الفلسطينية المحتلة خصوصية مغايرة تكتسبها من قسوة الأوضاع التي يعيشها الشعب الفلسطيني بحكم وقوعه تحت وطأة الاحتلال والحصار والتجويع الإسرائيلي.

الإطار القانوني لحقّ العودة:

يشكل القرار 194 الصادر عن الجمعية العامة للأمم المتحدة في 1948/12/11، الإطار القانوني الأبرز لحقّ عودة اللاجئين الفلسطينيين، من دون التجاوز عن قرارات أممية أخرى تندرج كمصادر مهمة لحقّ العودة في القانون الدولي والإنساني.

وتنص الفقرة 11 من القرار 194 على "وجوب السماح بالعودة في أقرب وقت ممكن للاجئين الراغبين في العودة إلى ديارهم والعيش بسلام مع جيرانهم، ووجوب دفع تعويضات عن ممتلكات الذين يقررون عدم العودة إلى ديارهم وعن فقدان الممتلكات أو الضرر اللاحق بها، وفقاً لمبادئ القانون الدولي والإنصاف، وذلك من قبل الحكومات أو السلطات المسؤولة"[5]. وقد جرى التأكيد على هذا القرار من المجتمع الدولي طيلة العقود الستة الماضية دون توقف ولأكثر من 135 مرة، حتى من بعد توقيع اتفاقية أوسلو Oslo Agreement سنة 1993[6].

وينبع قرار حقّ العودة من صلب القانون الدولي ويعد تطبيقاً له، وهو مكفول بميثاق حقوق الإنسان الذي تمت المصادقة عليه من غالبية الأعضاء. ولا يسقط القرار بالتقادم كما لا يلغيه أي اتفاق أو معاهدة جديدة، ولا تجوز فيه النيابة أو التمثيل لأنه في الأصل حقّ فردي، ينبع من حرمة الملكية الفردية التي لا تسقط بالتقادم أو إعلان السيادة أو فرض الاحتلال، إضافة إلى أنه حقّ جماعي نابع من حقّ تقرير المصير. وقد جاء مضمون القرار مستوحى من تقرير المندوب الخاص السابق للأمم المتحدة الكونت فولك برنادوت Folke Bernadotte الذي أكد على أحقية الشعب الفلسطيني "المضطهد" في العودة إلى بلاده والتعويض عن الأضرار التي لحقت به مع تسهيل عودة اللاجئين في أقرب وقت ممكن، فكان مصيره الاغتيال على يد منظمة شتيرن Stern Gang الصهيونية بزعامة رئيس الوزراء الإسرائيلي السابق إسحق شامير Yitzhak Shamir[7].

وقد تبنت الجمعية العامة نحو 49 قراراً بصيغ مشابهة للقرار 194 تؤكد على حقّ العودة، وتجعل منه شرطاً إلزامياً لتطبيق حقّ تقرير المصير بالنسبة للشعب الفلسطيني. وكان منها على سبيل المثال القرار الصادر في 1995/12/15 الذي أكد على ما جاء في نصّ القرار 194. فيما أصدر مجلس الأمن القرار رقم 242 في 1967/11/22 الذي ينص على "تحقيق تسوية عادلة لمشكلة اللاجئين". فضلاً عن أن القانون الدولي، الذي استقر التعامل معه منذ خمسين عاماً، يشكل مصدراً لحق العودة، حيث ورد في

أغلبية الوثائق الدولية والإقليمية التي تندرج في إطار القانون الدولي لحقوق الإنسان، ومن أبرزها: الإعلان العالمي لحقوق الإنسان سنة 1948، والاتفاقية الدولية بشأن الحقوق المدنية والسياسية سنة 1966، والمعاهدة الدولية لاستئصال كافة أشكال التمييز العنصري سنة 1965 والبروتوكول الرابع في الاتفاقية الأوروبية لحماية حقوق الإنسان والحريات الأساسية، والمعاهدة الأمريكية لحقوق الإنسان، إضافة إلى العديد من المواد الواردة في اتفاقية جنيف الأولى لسنة 1949 –التي التزمت بها "إسرائيل" ووقعتها– وهي خاصة بحماية الأشخاص المدنيين زمن الحرب[8].

هوامش الفصل الأول

[1] وكالة الأمم المتحدة لإغاثة وتشغيل اللاجئين الفلسطينيين في الشرق الأدنى (الأونروا)، انظر: http://www.unrwa.org/atemplate.php?id=55

[2] أسفر العدوان الإسرائيلي سنة 1948 عن تهجير أكثر من 800 ألف فلسطيني عربي إلى المناطق المجاورة في الأردن وسورية ولبنان والضفة الغربية وقطاع غزة. بينما نتج عن العدوان الإسرائيلي سنة 1967 تهجير وتشريد قرابة نصف مليون لاجئ فلسطيني عن أراضيهم وديارهم إلى المناطق المجاورة، منهم أكثر من 200 ألف نزحوا مجدداً كلاجئين. لمزيد من التفاصيل انظر: سلمان أبو ستة، "إسرائيل 2020: مستقبل إسرائيل كما تراه نخبها الرسمية،" مجلة **المستقبل العربي**، مركز دراسات الوحدة العربية، بيروت، العدد 291، 2003، ص 18-19. وحول المجازر الصهيونية ضدّ الشعب الفلسطيني انظر:

Nur Masalha, *Expulsion of the Palestinians* (Washington: Institute for Palestine Studies, 1992).

[3] انظر: http://www.unrwa.org/userfiles/file/statistics/UN_J10.pdf

[4] انظر: محسن صالح (محرر)، **التقرير الاستراتيجي الفلسطيني لسنة 2010** (بيروت: مركز الزيتونة للدراسات والاستشارات، 2011)، ص 297 و299.

[5] ورد في: **معاهدة السلام بين المملكة الأردنية الهاشمية ودولة إسرائيل 1994/10/26** (عمّان: اللجنة الإعلامية الأردنية، 1994).

[6] سلمان أبو ستة، "حقّ الشعب الفلسطيني في العودة،" في حسن نافعة (محرر)، **انتفاضة الأقصى وقرن من الصراع** (عمّان: دار الشروق للنشر والتوزيع، 2002)، ص 101.

[7] انظر في ذلك:

Don Peretz, *Palestinians Refugees and the Middle East Peace Process* (Washington: United States Institute of Peace Press, 1993), p. 70.

[8] لمزيد من التفاصيل انظر: الأمم المتحدة، **الإعلان العالمي لحقوق الإنسان** (نيويورك: إدارة شؤون الإعلام في الأمم المتحدة، 1998)؛ واللجنة الدولية للصليب الأحمر، **اتفاقيات جنيف الرابعة لعام 1949** (جنيف: اللجنة الدولية للصليب الأحمر، 1994).

الفصل الثاني: آفاق تطبيق حقّ العودة للاجئين الفلسطينيين في إطار حلّ الدولتين

من أجل تبيان آفاق تطبيق حقّ العودة للاجئين الفلسطينيين في إطار حلّ الدولتين، سيتم التوقف عند المعطيات التالية:

أولاً: الموقف الإسرائيلي من حقّ العودة:

يحمل الكيان الإسرائيلي بتياراته الدينية واليمينية، لا سيّما الليكود Likud، واليسارية بخاصة حزب العمل Labor –الذي يتمايز عن الليكود في تناقض تشدقه الدائم بالسلام مع ممارساته العدوانية على الأرض– مواقف متشددة تجاه الحقوق الوطنية الفلسطينية العربية المشروعة، حيث ترفع مجتمعة "لاءات" العودة إلى حدود 1967/6/4 وتقسيم القدس باعتبارها "العاصمة الأبدية والموحدة لإسرائيل"، وحقّ عودة اللاجئين الفلسطينيين ووقف التوسع الاستيطاني، مقابل الحديث عن دولة فلسطينية منقوصة السيادة ومنزوعة السلاح لا تخرج عن أسر الحكم الذاتي المسيطر على السكان دون الأرض، التي أعاد رئيس الوزراء الإسرائيلي بنيامين نتنياهو Benjamin Netanyahu تكرارها في خطاب ألقاه في شهر حزيران/ يونيو سنة 2009 من على منبر جامعة بار إيلان Bar-Ilan University، معقل اليهود المتدينين "الحريديم" Haredim، تزامناً مع اشتراط اعتراف الجانب الفلسطيني بـ"يهودية الدولة"، في ظلّ ترجيح حمله لها طوال فترة رئاسته الحالية التي تنتهي افتراضاً سنة 2013.

وثمة انسجام في النظرة المشتركة بين الحركات الدينية السياسية واليمين المتشدد تجاه "الآخر" الفلسطيني العربي تحديداً، من حيث الإيمان بتميُّز اليهود عن الآخرين، والذي أسهم في تبوئهم منزلة سامية. فينبثق من مكامن "الحق المشروع للشعب اليهودي" و"الواجب المقدس" الذي لا بدّ من تأديته في "أرض الميعاد المقدسة" Land Promised، ومن "الفكرة الاسترجاعية" Revisionism، حقّ تاريخي في

وجوب السيطرة اليهودية الأبدية على "أرض إسرائيل" وفي توسيعها إلى ما وراء الحدود الراهنة، وفي إنكار الحقوق الفلسطينية العربية الأساسية. ويعتقد البعض، مثل الكاتب الإسرائيلي "إسرائيل شاحاك" Israel Shahak، أنه على الرغم من أن السياسة الخارجية الإسرائيلية "يصوغها ويمارسها يهود علمانيون، إلا أنها تبدو مشتقة، في جانب منها، من الماضي اليهودي ومن الدين، كما أن الحركة الصهيونية التي شهدت تحولاً علمانياً قد حافظت على الكثير من المبادئ الدينية اليهودية الأساسية"[1].

ويشكل موقف تلك التيارات من حقّ العودة للاجئين الفلسطينيين جزءاً من الإدراك الصهيوني للشعب الفلسطيني الذي تدرج من إلغاء وجوده بعد تناقض مقولة "أرض بلا شعب لشعب بلا أرض" مع الوجود الفلسطيني العربي واصطدامها مع المقاومة الفلسطينية، إلى إدراكه مع محاولة تغييبه وتجاهله وإنكار حقوقه ومن ثم العمل على التخلص منه، فيما ما تزال ترفض حقّ تقرير المصير للشعب الفلسطيني المدرج، عندها، في عداد الأقليات من دون الاعتراف بهويته السياسية المستقلة.

وترفض تلك التيارات حقّ عودة اللاجئين الفلسطينيين إلى ديارهم وأراضيهم التي هُجّروا منها بفعل العدوان الصهيوني سنة 1948 وتطالب بتوطينهم في أماكن وجودهم. ويذهب بعضها إلى حدّ المناداة بطرد الفلسطينيين من الأرض المحتلة سنة 1948، تكراراً لواقعة النكبة. وتجد فكرة الترحيل "الترانسفير" Transfer أصولها في الفترة من 1882 وحتى 1930، قبل أن تضحى منذ الثلاثينيات عملية لاقتلاع وتشريد الفلسطينيين بالقوة لتحقيق أغلبية يهودية مطلقة في الدولة المرتقبة. إذ تحولت بين عامي 1936 و1945 من مجرد أيديولوجيا نظرية إلى خطط عملية أعدتها لجاناً صهيونية بهدف التخلص من الفلسطينيين الذين شكلوا عائقاً أمام تجسيد الحلم الصهيوني، وهو الأمر الذي نُفذ سنة 1948. فيما نظرت تلك الأحزاب إلى عدوان سنة 1967 على أنه فرصة تاريخية لتنفيذ مخططات ومشاريع قديمة لم تتحقق سنة 1948.

14

وقد عادت فكرة الترانسفير إلى الطرح بقوة في أعقاب اندلاع انتفاضة الأقصى سنة 2000 التي أدت إلى توحيد خطاب المركز السياسي في الداخل الإسرائيلي تجاه استخدام القوة والعنف والحصار والإغلاق والقتل. وعلى الرغم من أن بعض الحاخامات التقليديين شجبوا، بداية، النزعة العسكرية لدى الصهاينة العلمانيين، غير أنها وجدت دعماً قوياً لها بين القوميين المتدينين في أعقاب ما سماه الحزب الوطني الديني (المفدال) National Religious Party (Mafdal) تحرير "الأراضي التوراتية عام 1967"، بعدما "حُرفت المصادر اليهودية لاستخراج تعاليم تمجد الحرب وتحول ملكية "الأرض" إلى خير أسمى"[2].

ويشكل البعد الديموغرافي إشكالية كبيرة عند تلك الأحزاب، أسوة بالداخل الإسرائيلي، الأمر الذي ينعكس في التركيز المتواتر على طرح "الدولة اليهودية" التي وردت في الخطاب الحكومي اليميني، انطلاقاً مما تعدّه "إسرائيل" خطراً ديموغرافياً عربياً يهدد أمنها القومي. فيما علت أصوات تطالب بالطرد أو النقل أو تبادل السكان، حيث دعا وزير الدفاع رئيس حزب العمل إيهود باراك Ehud Barak إلى "سياسة الفصل للحفاظ على دولة يهودية خالصة"[3]، بينما ترى رئيسة حزب كاديما Kadima تسيبي ليفني Tzipi Livni أن "حقّ العودة غير مقبول مطلقاً لإسرائيل، وأن على الفلسطينيين في إسرائيل تحقيق طموحاتهم القومية في إطار الدولة الفلسطينية المستقبلية"[4].

إن تلك المقولات بما تحمله من عنف وتطرف تتجسدُ في الممارسات العدوانية الإسرائيلية ضدّ الشعب الفلسطيني منذ ما قبل سنة 1948، على الرغم من إنكار الساسة الإسرائيليين تسببهم في النكبة، مقابل تفنيدها من جانب المؤرخين الجدد كآفي شلايم Avi Shlaim وبني موريس Benny Morris وتوم سيغيف Tom Segev وإيلان بابه Ilan Pappe وغيرهم، باعتبارها بحسبهم "رواية تعتمد التفسير الانتقائي والذاتي، من دون الأخذ بممارسات القوات العسكرية الصهيونية لطرد وتهجير مئات الألوف من الفلسطينيين خلال حرب 1948، حيث لم تكن الهجرة طوعية"[5].

وقد أصدرت "إسرائيل" كثيراً من القرارات والقوانين التي تمنع عودة اللاجئين إلى ديارهم وأراضيهم، وتحول دون تطبيقها، حيث أقرّ البرلمان الإسرائيلي "الكنيست" Knesset سنة 1950 قانون العودة العنصري الذي ينص على "حقّ كل يهودي في العودة إلى البلاد كيهودي عائد"[6]، بما يمنح حقّ الحصول على شهادة مهاجر لكل يهودي، أياً كان مكانه في العالم، جاء إلى "إسرائيل" وأعرب عن رغبته في الاستقرار فيها، ولكل يهودي ولد فيها، ولكل من له حقّ الهجرة إليها بحسب تعديل سنة 1971. وقد عدّل القانون أيضاً سنة 1981 فأصبح من حقّ وزير الداخلية "إسقاط الجنسية الإسرائيلية عن أي شخص يُعتبر خطراً على أمن البلاد"[7].

من جهة أخرى، لا يتمتع بهذا الحق العربي الفلسطيني الذي ولد ونشأ في فلسطين ويريد العودة إلى وطنه. كما يُمنح المهاجرون اليهود كافة المزايا الاقتصادية التي يحرم منها السكان العرب. فيما ينص قانون الجنسية الذي صدر سنة 1952 على "منح الجنسية الإسرائيلية لأي شخص ولد فيها قبل تأسيس الدولة، ولأي شخص أتى إلى البلاد كيهودي "عائد" بعد تأسيس الدولة، ولأي شخص ولد في إسرائيل بعد تأسيس الدولة". ولا تنطبق هذه الشروط بحسب القانون على الشخص الذي لم يعد من سكان "إسرائيل" قبل نفاذ هذا القانون، والذي كان مواطناً فلسطينياً قبل تأسيس الدولة، فالذي لم يصبح مواطناً إسرائيلياً بحسب القانون، سيصبح كذلك من يوم تأسيس الدولة إذا كان قد سجل في 1952/3/1 كساكن في ظلّ التسجيل العام للسكان وقبل منح الجنسية، على أن يقدم الطالب تصريحاً بهذا الشأن. و"يحق لأي يهودي في العالم والداه يدينان باليهودية أن يكتسب الجنسية الإسرائيلية بمجرد وصوله كمهاجر إلى إسرائيل، من دون التخلي عن جنسيته الأصلية"[8]. بينما أقرت حكومة الاحتلال في 2010/10/10 تعديلاً على ما يسمى "قانون المواطنة" يفرض قسم الولاء لـ"الدولة اليهودية" على المتقدمين للحصول على "الجنسية الإسرائيلية" من غير اليهود، وهو يستهدف الفلسطينيين العرب.

ثانياً: حكم ذاتي فلسطيني:

لم يخرج الموقف الإسرائيلي من الكيان الفلسطيني المستقبلي عن إطار حكم ذاتي تنحصر حدود صلاحياته ضمن الاهتمام بالأوضاع المدنية والدينية والحياتية للسكان، فيما تتحكم سلطات الاحتلال بشؤونه الأمنية والسيادية. وهو أقصى ما خرج به نتنياهو عندما تناول في خطابه لأول مرة حلّ الدولتين تحت ضغط إدارة الرئيس الأمريكي باراك أوباما Barack Obama، بعد التزامه الصمت والرفض، فتحدث عن دولة فلسطينية منقوصة السيادة ومنزوعة السلاح.

وتتفق الأحزاب الدينية السياسية مع الموقف ذاته، بصورة أشد تطرفاً، عبر مطلب التمسك بالأراضي المحتلة وعدم التخلي عنها ورفض التسليم بفكرة الدولة الفلسطينية المستقلة والمتصلة. حيث يعتقد حزب المفدال بعدم جواز التنازل للعرب عن أي شبر من الأراضي المحتلة سنة 1967 باعتبارها جزءاً من "أرض إسرائيل" يتوجب بقاؤها تحت السيادة الإسرائيلية، ومن هذا المنطلق ناهض الانسحاب الإسرائيلي من قطاع غزة سنة 2005، منظماً المظاهرات ضده، فيما أكد حزب شاس Shas على مبدأ الحفاظ على الروح اليهودية في أي قرار يتخذ بشأن الانسحاب، شريطة اتسامه بالمرحلية المؤقتة إلى حين تَمكن "إسرائيل" من السيطرة عليه واحتلاله مجدداً بوصفه جزءاً من "أرض إسرائيل التاريخية"، بينما دعا حزب "أغودات إسرائيل" Agudath Israel الحكومة إلى "دفع المواطنين الفلسطينيين العرب في المناطق المحتلة عام 1948 إلى الهجرة"[9].

غير أن ثمة إشكالية تكتنف عملية التركيز على حلّ الدولتين، بإقامة دولة فلسطينية إلى جانب "إسرائيل"، بوصفه أبرز المقترحات المطروحة، عبر إثارة تساؤلات حول مصير قضايا الوضع النهائي، في الوقت الذي تنبعث فيه مقترحات –إسرائيلية أمريكية في الأساس– تتجه صوب جعل "الدولة المقترحة" بديلاً عن "الوضع النهائي" وليس حلاً يدرج في إطار تسوية شاملة للصراع العربي – الإسرائيلي، بصفته أحد مخرجاته

17

التفاوضية، بمعنى "الدولة" قبل الحل النهائي، بخاصة عند الأخذ بالاعتبار الموقف الإسرائيلي من ماهية وكنه "الدولة المقترحة"، وسياسات الاحتلال في فرض الأمر الواقع على الأرض.

إذ إن كافة المقترحات التي نشطت بعد مؤتمر أنابوليس لإحداث حراك في عملية التسوية تتحدث عن دولة فلسطينية بلغة الوضع النهائي، وقد تكون دولة انتقالية ذات حدود مؤقتة كما ورد في خريطة الطريق، لن يتم تحديدها بصورة نهائية إلا في غضون عشرين أو ثلاثين عاماً، بحيث تأخذ قضايا الوضع النهائي، عند قيامها، بالتفكك إلى حدّ التلاشي. وإذا قامت دولة فلسطينية دون الاعتراف بحق العودة، فإن اللاجئين سيعدّون مواطنين في الدولة الفلسطينية، حتى وإن كانوا يعيشون في الخارج، بحيث تتحول قضية اللاجئين إلى قضية مهاجرين أو رعايا أجانب، إذ أن امتلاكهم جوازات سفر فلسطينية سيحل مشكلة المواطنة في الدول المضيفة، فيما ستكون لهم جنسية وجوازات سفر و"دولة" يستطيعون نظرياً العودة إليها إذا رغبوا بذلك. وحتى مع قيام دولة في غزة وعلى 40% من الضفة الغربية، حسب اقتراح أريل شارون Ariel Sharon، فإن المسائل المتصلة بالاحتلال ستختفي من خلال تغيير المصطلحات، بحيث تحلُّ عبارة خلاف أو نزاع بين دولتين مكان عبارة الاحتلال، وتحل عبارة المهاجرين محل اللاجئين.

وسيسعى الإسرائيليون إلى توسيع المستوطنات في نحو 60% من أراضي الضفة الغربية، تمهيداً لإيجاد وضع يتمثل في دولة إسرائيلية موسعة تحتوي على مناطق كبيرة متصلة من أراضي الضفة الغربية، مقابل "كانتونات" مفتتة غير متصلة جغرافياً يُحشر فيها الفلسطينيون تحت مسمى "دولة". ولأن أراضي الضفة الغربية وقطاع غزة المتبقية من يد الاحتلال لا يمكن لها استيعاب عدد اللاجئين الفلسطينيين، لذا فإن مجرد طرح عودتهم إلى الدولة المستقبلية يشكل انتقاصاً من حقهم وتجاوزاً له.

وقد وردت مؤشرات على قيام الدولة في كثير من المقترحات التي جرى التأكيد عليها في الآونة الأخيرة. وفي هذا السياق يشار إلى مقترحات الرئيس الأمريكي

الأسبق بيل كلينتون Bill Clinton وباراك في قمة كامب ديفيد Camp David الثانية سنة 2000 بحضور الرئيس الفلسطيني الراحل ياسر عرفات، والتي أصابها الفشل، ليس بسبب الموقف الفلسطيني المتعنت كما تزعم "إسرائيل"، وإنما بسبب "اللاءات الباراكية" بشأن القدس واللاجئين والمستوطنات الكبرى، في الوقت الذي لم تكن فيه "إسرائيل" مستعدة لإعطاء أكثر من النسبة التي اقترحها شارون لقيام "دولة" فلسطينية، مع عرضها لاستئجار أراضي الغور مدّة 99 عاماً، مما يعني عملياً تملكها.

ويرى بعض المحللين الإسرائيليين، مثل عوزي بنزيمان Uzi Benziman، بأن "قضيتي القدس واللاجئين الفلسطينيين شكلتا العقبة الأساسية أمام قمة كامب ديفيد"، حيث رفض الجانب الإسرائيلي تقسيم القدس باعتبارها "العاصمة الأبدية والموحدة لإسرائيل"، بينما عرض "تنازلات" رمزية تختزل قضية حقّ العودة، منها إعادة عدد محدود منهم إلى داخل فلسطين المحتلة سنة 1948 تحت شعار "جمع شمل العائلات" وضمن شروطها، فيما يعود بضع آلاف، تحدد "إسرائيل" عددهم، إلى الدولة الفلسطينية المستقبلية، وتشكيل صندوق دولي لتعويض اللاجئين وتوطينهم في الدول المضيفة، وإضافة بند إلى الاتفاق يفيد بوضع حدّ للصراع من شأنه أن يحررها من كل مطلب مستقبلي بشأن قضايا الوضع النهائي مما يعني دفن أية مسؤولية إسرائيلية عن اللاجئين[10].

وقد طرح مفهوم "لم شمل العائلات" خلال المفاوضات الثنائية والمتعددة الأطراف الخاصة باللاجئين التي تمخضت عن مؤتمر مدريد سنة 1991، مما تسبب في فشل الاجتماعات واقتصار عقدها على بضع مرات فقط، فيما اعتمد النهج ذاته رؤساء الوزراء المتلاحقون كنتنياهو وشارون وأولمرت، ومن ثم نتنياهو مجدداً، بينما كثرت الدعوات الإسرائيلية إلى الاعتراف الفلسطيني بـ"يهودية دولة إسرائيل"، بما يحمل في طياته خطر حرمان المواطنين الفلسطينيين في فلسطين المحتلة سنة 1948 من حقهم في بلدهم، وشطب حقّ عودة اللاجئين الفلسطينيين إلى ديارهم وأراضيهم، وسط دعوات إسرائيلية بالطرد "الترانسفير"، التي يتمسك بها وزير الخارجية

أفيجدور ليبرمان Avigdor Liberman، و"التهجير الطوعي" للشعب الفلسطيني من خلال الممارسات العدوانية الإسرائيلية.

إن الصراعات المحتدمة بين معسكري اليمين واليسار خلال الانتخابات، سواء أكانت رئاسية أم برلمانية، تدور في الأساس على السلطة وليس على القضية الفلسطينية التي تحظى بإجماع في نقاط رئيسية تكمن في رفض حقّ العودة والسيادة العربية على القدس وإزالة كتل الاستيطان الأساسية والدولة الفلسطينية المتصلة والمستقلة، إضافة إلى محورية العلاقة مع الولايات المتحدة وتشجيع الهجرة واستيعاب المهاجرين اليهود. وتبرز تلك النقاط الإجماعية بصورة أو بأخرى على لسان الساسة الإسرائيليين، فعندما فاز شارون في انتخابات الرئاسة 2001، وفي محاولة منه للالتفاف على الاتفاقيات الموقعة مع الجانب الفلسطيني، عمد إلى إضافة مفهوم الدولة، وبعض التواصل الإقليمي الفلسطيني بإزالة مستوطنات صغيرة ومعزولة داخل قطاع غزة إلى الأفكار المتعلقة بالمرحلة الانتقالية الممتدة من أجل تقليل نقاط الاحتكاك بين الجانبين الفلسطيني والإسرائيلي قبل التوصل إلى حلّ دائم بشأن قضايا السيادة واللاجئين والقدس والحدود، بمعنى أن الدولة ستكون على جزء من الأرض كمرحلة انتقالية وليس حلاً دائماً، دون التنازل عن القدس ورفض حقّ العودة.

لا تعبّر موافقة شارون على مفهوم الدولة الفلسطينية عن تغير في المواقف، وإنما هي النتيجة المتحصلة من عدم إمكانية طرد الفلسطينيين في عملية تهجير جديدة أو ضمهم إلى الكيان الإسرائيلي، حيث تبقى "الدولة" بالنسبة لـ"إسرائيل" هي الطريق الأصوب لحل كافة الإشكاليات المتعلقة بالفلسطينيين، على أن لا تتجاوز مساحتها أو مفهومها عن مفهوم الحكم الذاتي، أي أصغر رقعة من الأرض بأكبر عدد سكان من الفلسطينيين مع ضمان عدم اتصالها جغرافياً أو تحقيق السيادة الفلسطينية عليها، أي كما يريد شارون، غزة و40% من الأوصال المتبقية من الضفة الغربية. كما ظهر الإجماع على رفض حقّ العودة وتقسيم القدس وإزالة المستوطنات في البرامج

الانتخابية لكل من نتنياهو وباراك وليفني المرشحين لرئاسة الحكومة الإسرائيلية في انتخابات الكنيست التي جرت في شباط/ فبراير 2009.

وقد ورد مفهوم الدولة الفلسطينية وما يتعلق به من قضايا المرحلة النهائية، فيما بات يعرف برؤية بوش حول حلّ الدولتين بإقامة دولة فلسطينية وتجميد الاستيطان، والتي تضمّنتها خطة خريطة الطريق[11]، وسط انتقادات حذرت من محاولات شطب حقّ عودة اللاجئين بإقامة دولة مؤقتة تحل محل الوضع النهائي، إضافة إلى عدم شمولها تصوراً محدداً حول شكل الحل الدائم، وطبيعة الدولة الفلسطينية وحدودها وصلاحياتها ومساحتها وكيفية تطبيق عودة اللاجئين إليها. بينما قرن شارون موافقته على الخطة بنحو 14 تحفظاً بشأن رفض حقّ العودة وإزالة الاستيطان، والتأكيد على أن الدولة الفلسطينية ستشكل الحل الوحيد لمشكلة اللاجئين الفلسطينيين واستيعابهم. وقد تلخص الجديد فيها بطلب تطبيق الالتزامات الإسرائيلية بالتوازي وليس بالتوالي، وبتجميد الاستيطان، وإيرادها الدولة الفلسطينية خارج إطار الحل الدائم، أي الدولة قبل الحل.

ولم تمضِ أشهر قليلة، حتى صدرت رسالة الضمانات الأمريكية التي وجهها بوش إلى شارون في 2004/4/14 وأقرها الكونجرس في 2005/6/24 بأغلبية 407 أصوات ومعارضة 9 أصوات، ونصت على معارضة أمريكية لـ"عودة اللاجئين إلى داخل إسرائيل"، وتعهد بعدم إجبار "إسرائيل" على الانسحاب إلى حدود حزيران/ يونيو سنة 1967 والإبقاء على الكتل الاستيطانية الكبرى، وهي بذلك تنسف قضايا مفاوضات الحل النهائي. وقد قام شارون بإرفاق كتاب الضمانات الأمريكية مع خطة فكّ الارتباط الإسرائيلي الأحادي من قطاع غزة التي نفذتها في آب/ أغسطس سنة 2005، وقدمهما معاً كوثيقة رسمية صادق عليها الكنيست بأغلبية كبيرة في تشرين الأول/ أكتوبر سنة 2004[12]، بهدف إحكام السيطرة على قطاع غزة من الخارج وتوسيع المستوطنات في الضفة الغربية وتكريس وجود جدار الفصل العنصري، وصولاً إلى قيام "دويلة" فلسطينية تخضع لمسؤولية فلسطينية على السكان دون الأرض.

وعلى الرغم من أن بعض اليسار الإسرائيلي يزعم علناً تصالحه مع فكرة إقامة دولة فلسطينية، إلا أنه يرفض تقديم تنازلات تتعلق بالأراضي المحتلة سنة 1967 اللازمة لإقامة الدولة، وسط تغييرات مستحدثة فيها لا يمكن أن تؤدي معها إلى دولة، حسب الكاتب الإسرائيلي نيكولاس جويات Nicholas Guyatt، الذي يشير إلى أن الضفة الغربية والقطاع لا يمثلان سوى 23% من المساحة التي كانت معروفة باسم فلسطين قبل سنة 1948، بعد استيلاء المستوطنين اليهود على 77% من مساحتها التي باتت تسمى "إسرائيل"، وبالتالي فإن ما سيعطى للفلسطينيين لن يكون النصف، وإنما أقل من نصف الرُّبع الذي تبقّى لهم بعد حرب سنة 1948 (أي أقل من نصف الضفة والقطاع). وفي ظلّ المؤشرات الرقمية لعدد السكان الفلسطينيين الذي يماثل تقريباً عدد سكان اليهود في كل من "إسرائيل" وفلسطين في المستقبل حال قيام الدولة، فإن الفلسطينيين سيكدسون في حوالي 10% من الأراضي، بينما تتمتع "إسرائيل" بنحو 90%[13]، وذلك بعدما حصر اتفاق أوسلو الفلسطينيين في مناطق يسهل احتواؤهم والسيطرة عليهم فيها.

ومن الناحية العملية، فإن دولة فلسطينية تضم حوالي نصف الضفة الغربية وقطاع غزة، من الصعب أن تشكل كياناً قابلاً للحياة أو النمو، بينما تنوي "إسرائيل" الانسحاب من المناطق الأكثر اكتظاظاً بالسكان الفلسطينيين في الضفة مقابل الاحتفاظ بالأراضي الباقية، مما يجعل الدولة الفلسطينية المستقبلية أشبه بمجموعة من الجزر في بحر تسيطر عليه "إسرائيل". ومع تسارع وتيرة الحركة الاستيطانية، التي أوصلت عدد المستوطنات إلى أكثر من 160 مستعمرة تضم زهاء نصف مليون مستعمر، واستمرار بناء جدار الفصل العنصري، بالرغم من قرار محكمة العدل الدولية International Court of Justice (ICJ) الصادر في 2004/7/9 القاضي بهدمه وتعويض الفلسطينيين المتضررين به، فإن ثمة تساؤلات تثار حول إمكانية قيام دولة فلسطينية متصلة جغرافياً على الأرض المحتلة سنة 1967 ذاتها، حيث تهدف سلطات الاحتلال من خلال الاستيطان والجدار إلى الحصول على الأرض دون أهلها، عبر

مصادرة 20-25% من الضفة الغربية التي لا تتجاوز مساحتها أصلاً 23% من أرض فلسطين التاريخية. وتبرز هنا إشكالية تتعلق بعدم متابعة قرار محكمة العدل الدولية على الرغم من أهمية ما ورد فيه، حيث تجاوز مسألة الجدار ليقرّ بعدم قانونية الاحتلال والمستوطنات، وبعدم جواز التغيير الانفرادي لخطوط وقف إطلاق النار سنة 1949 وحدود سنة 1967.

إن الأخذ بفكرة الدولتين سبيلاً لحل الصراع العربي – الإسرائيلي يكاد يتلاشى، بسبب سياسة الولايات المتحدة المنحازة للاحتلال الإسرائيلي بممارساته التعويقية التي تفاقمت مع النزعة المتصاعدة لتعريف الصراع باصطلاحات دينية توراتية، مما يتعذر معه الحل السلمي. غير أن الإشكالية هنا لا تكمن فقط في موقف الحركات الدينية السياسية الإسرائيلية من "الدولة الفلسطينية" المستقبلية، وإنما أيضاً، في تقاطعه مع مواقف أغلب التيارات الإسرائيلية، بمختلف توجهاتها اليسارية واليمينية. ولكن في ظلّ المقاومة الفلسطينية، فإن "إسرائيل" ستدرك الحاجة إلى أسلوب مختلف لتناول قضية السلام، فبالرغم من التوسع الاستيطاني ووجود جيش الاحتلال في الأراضي المحتلة وقدرته العسكرية على الوصول إلى ما هو أبعد من حدود 1948، إلا أن "العبوات الناسفة التي تنفجر داخل المدن الإسرائيلية توحي بأن "إسرائيل الكبرى" المنشودة لن تكون مكاناً آمناً"[14]، وفق تعبير جويات.

ثالثاً: سياسة الأمر الواقع الإسرائيلية:

يأتي تنفيذ أول انسحاب لسلطات الاحتلال مما يسمونه "أرض إسرائيل"، في إطار خطة فكّ الارتباط الأحادي الجانب من قطاع غزة في آب/أغسطس سنة 2005، وإزالة غطاء المحرمات عن المستعمرات بإخلاء 21 مستعمرة في القطاع تضم زهاء 8 آلاف مستوطن، وأربع مستعمرات معزولة في الضفة الغربية، في ظلّ التكلفة العسكرية والمادية المترتبة على البقاء فيها. إذ أن ذلك الانسحاب "الصوري" من القطاع مع إبقاء السيطرة على منافذه الجوية والبرية والبحرية، التي استحكم مداها بحصاره بعد فوز حماس في انتخابات المجلس التشريعي سنة 2006 وتشكيلها الحكومة، ومن

ثم العدوان عليه سنة 2008، يأتي في سياق الأطر العسكرية وموازين القوى الدولية وحجم المقاومة، وليس استناداً للنصوص التوراتية، كما جاء على خلفية تحول ملموس في ميزان القوى الفلسطيني الداخلي عقب انتفاضة 2000 وفشل اتفاق أوسلو في تحقيق الحدود الدنيا من المشروع الوطني، وفي ضوء تجربة المواطن الفلسطيني لأداء سلطته على مدار عقد من الزمن.

ولكن الانسحاب أوجد محاذير ما لبثت أن تجلت عبر فرض السيطرة على أراضي الضفة الغربية وتكثيف الاستيطان فيها، فبحسب تصريحات شارون أمام مؤتمر الوكالة اليهودية Jewish Agency for Israel في القدس في 2005/6/28 فإن "قطاع غزة لن يكون جزءاً من دولة إسرائيل في أي اتفاق للتسوية الدائمة، مقابل توجيه الطاقات صوب المناطق الأكثر أهمية لضمان بقاء إسرائيل، وهي الجليل والنقب ومنطقة القدس الكبرى والكتل الاستيطانية في الضفة الغربية والمناطق الأمنية في غور الأردن"[15]، فشكلت الخطة جزءاً من استراتيجية ضمّ أكبر قدر ممكن من أراضي الضفة الغربية واستثناء أكبر قدر ممكن من الفلسطينيين تحت شعار الحفاظ على "يهودية دولة إسرائيل"، إذ إن ضمّ قطاع غزة، بأرضه التي لا تتجاوز مساحتها 360 كم^2 ويسكنها ما يناهز 1.5 مليون فلسطيني، يشكل تهديداً لـ"يهودية الدولة"، أي للمشروع الصهيوني برمته، إلى جانب التكلفة العسكرية والمالية والأخلاقية المترتبة على حراسة وتوفير مستلزمات 21 مستعمرة أقامتها "إسرائيل" في القطاع، وما يولده الاحتلال من مقاومة تزداد تكلفة قمعها يوماً بعد يوم.

غير أن لتلك الخطوة أهدافاً سياسية مباشرة وأخرى ذات مدى أبعد تتصل بسعي شارون لإفراغ مشروع إقامة دولة فلسطينية مستقلة وقابلة للاستمرار من أي مضمون فعلي، في ظلّ حصار دائم على القطاع، بدون سيطرة فلسطينية على المعابر الحدودية وتأمين ممر آمن للبضائع والأفراد بين غزة والضفة ودون تشغيل المطار واستكمال تشييد الميناء، فتحول القطاع إلى سجن لمليون ونصف تحتفظ "إسرائيل" بمفتاح أبوابه، عبر إحكامها السيطرة على المعابر والاقتصاد وحرية الحركة والأجواء والمياه

والبحر، بينما تمضي قدماً في استكمال الجدار العنصري وبناء المستعمرات والطرق الالتفافية وتهويد القدس، لتدمير المشروع الوطني الفلسطيني وجعل الدولة المستقلة مشروعاً مستحيل المنال. وفيما يضع المستشار الحكومي السابق دوف فايسغلاس Dov Weissglas هدف الخطة في إطار "الالتفاف على خريطة الطريق"[16]، غير أن آخرين، مثل العميد في احتياط جيش الاحتلال شلومو بروم Shlomo Brom الذي كان في صفوف تنفيذ الانسحاب أحادي الجانب، يكشفون عن الهدف الإسرائيلي من وراء تنفيذها، بفك الارتباط مع الفلسطينيين حفاظاً على "إسرائيل دولة يهودية"، والاحتفاظ بمعظم مستوطنات الضفة الغربية، إضافة إلى وقف الانتفاضة بشكل دائم واستئناف العملية السلمية وصولاً إلى حلّ الصراع بالشروط الإسرائيلية مع الاستفادة من "تنازلات" قطاع غزة[17].

وقد حاولت سلطات الاحتلال اقتناص "التنازلات" من خلال شنها عدواناً على قطاع غزة في 2008/12/27 استمر حتى 2009/1/19 بقرار إسرائيلي منفرد بوقف إطلاق النار، بعدما فشل الاحتلال في تحقيق أهدافه "المتحركة" غير الثابتة من وراء عدوانه على القطاع، والمتمثلة في القضاء على حماس وضرب بنيتها التحتية ومنع إطلاق صواريخ المقاومة على المناطق المحتلة المجاورة للقطاع وعلى المستعمرات الواقعة هناك، و"إطلاق سراح الجندي الإسرائيلي الأسير لدى لجان المقاومة الشعبية الفلسطينية جلعاد شاليط Gilad Shalit، مثلما فشل في إلحاق الهزيمة بالوعي الفلسطيني"، حسب رأي رئيس هيئة الأركان الإسرائيلي السابق شاؤول موفاز Shaul Mofaz[18]؛ حيث وقف الشعب الفلسطيني بصمود وثبات إلى جانب المقاومة، على الرغم من الخسائر الفادحة التي تكبدها بسقوط بين 1,300 و1,400 شهيدٍ، إضافة إلى آلاف من الجرحى، وتدمير المنازل والبنية التحتية وضرب المرافق والمنشآت التابعة لمنظمة الأمم المتحدة، وما يزال زهاء 50 ألف غزّي دون مأوى[19].

ولم تتوقف اعتداءات الاحتلال على القطاع عند وقف الحرب، بل تتواصل حتى اليوم بشنّ الغارات وقتل الفلسطينيين بذريعة وقف إطلاق صواريخ المقاومة، وذلك

على وقع تهديداته المتكررة بشنّ عدوان جديد على القطاع، للقضاء على المقاومة، وفي مقدمتها حركة حماس التي تنامى دورها وأثبتت القدرة على الصمود أمام الضربات القاسية. غير أن سلطات الاحتلال تسعى إلى تحقيق أهدافها من خلال إحكام قبضة الحصار على القطاع بعدما فشلت في تحقيقها من خلال العدوان على غزة.

رابعاً: التفاعل الإسرائيلي مع عملية السلام:

ثمة أصوات تنبعث من داخل الكيان الإسرائيلي نفسه للتحذير من سطوة الحكومة المطلقة ومواقفها المتعنتة تجاه العملية السلمية وحلّ الدولتين، في ضوء المناخ السياسي السائد في الداخل الإسرائيلي والإجماع الساحق على مزايا الصهيونية والمزاعم الدينية اليهودية وضرورة الفصل الديموغرافي، مما يلعب دوراً مهماً في تردي عملية التسوية وتراجع اتجاهاتها في إطار العزوف عن تقديم أي تنازلات ذات قيمة فيما يتعلق بإنهاء الاحتلال.

وثمة من يعتقد أن السياسة الخارجية الأمنية التي اتبعتها "إسرائيل"، وما تزال، لا تشكل عنصراً مهدئاً يساعد على دفع عجلة السلام إلى الأمام، إنما محركاً للتطرف والتصعيد. فضلاً عن شخصيتها المعادية للإنسانية التي تنبع من التيار اليميني المتشدد، بخاصة الليكود، والتيار الديني، اللذيْن يشتركان في حمل مبادئ رفض الحقوق الأساسية للشعب الفلسطيني، مما "يجعل إسرائيل دولة أزمات، لا تخلو لحظة واحدة من دنوّها حافة أزمة اقتصادية أو اجتماعية أو أمنية أو حرب قادمة، مقابل كلفة باهظة تتحملها نتيجة احتلالها المتواصل للمناطق الفلسطينية"[20]، وإحداثها الدائم للاضطراب والالتفاف على مفاوضات الوضع النهائي بشتى الطرق، مما يوجد التوتر وعدم الاستقرار في المنطقة. غير أن تلك الأصوات، المنبعثة في أغلبها مما يعرف بـ"معسكر السلام الإسرائيلي"، تلعب دوراً ثانوياً في المشهد السياسي الإسرائيلي، حيث لم تستطع خلال الفترة الماضية إجبار النخبة الحاكمة على التوجه في مسار معين أو دفع الحكومة لاتخاذ قرار يتسم بطابع جوهري، أو إلغاء قرار يمسّ أساس الصراع،

في وقت تستثني فيه بعض القضايا الأساسية في الصراع من بؤر الخلاف، مثل رفض تقسيم القدس وحقّ العودة.

برزت أصوات من الداخل الإسرائيلي تحذر من انعكاسات التنامي المتزايد للحركات الدينية السياسية، ومن السيطرة التدريجية المستمرة والمتلاحقة للدين "المتحجّر" على المستوى السياسي الرسمي، كما يبرز في وتيرة الحركة الاستيطانية وفي حركة جوش إيمونيم Gush Emunim التي تفرض طروحاتها على الدولة، وعلى المستوى الاجتماعي التربوي. مما يوجد أجواء التوتر وعدم الاستقرار الدافعة صوب تشجيع الهجرة الخارجية من الكيان المحتل نحو الدول التي تحررت منذ زمن بعيد من التعصب الديني والتهديد المستمر بالحرب، أو ترقب اندلاعها، ومن التنكر للسلام وتعقيد التوصل إلى اتفاق تسوية، لما تحمله تلك الحركات من رؤية مناهضة للسلام، تتلاقى مع حزبي العمل والليكود اللذيّن يرفضان قيام دولة فلسطينية ويفرضان شروطاً مسبقة للتسوية ويحددان نموذج الوجود الفلسطيني، بحيث يشكلان معاً الغالبية العظمى في الداخل الإسرائيلي، في وقت باتت فيه عملية السلام، وفق الكاتب الإسرائيلي آفي شلايم Avi Shlaim، "رهينة السياسات المناهضة للسلام"، مما يتطلب "إحداث تغيير في الرأي العام الإسرائيلي لصالح إنهاء الاحتلال والتسليم بحق الفلسطينيين في الاستقلال وتقرير المصير"[21].

وتأتي تلك الأصوات في ضوء تعمق دور المؤسسة الدينية اليهودية الرسمية والحركات الدينية السياسية في السياسة الإسرائيلية في المرحلة التي تلت عدوان سنة 1967، مترافقاً مع تنامي خطاب سياسي ديني مؤيد للتوسع الاستيطاني في الضفة الغربية، تعزّز بتزايد دور الحركات اليمينية وتأثيرها، تزامناً مع تنامي حضور اليمين السياسي – الديني الذي أخذ منحى أكثر تطرفاً بموازرة بعض الحاخامات.

وتشكل سنة 1967 علامة فارقة في تطور الحركات الدينية السياسية التي ربطت حلم البعث اليهودي والعودة إلى "أرض الميعاد" بالواقع الذي تحقق على أرض "إسرائيل

الموعودة"، بما يشبه المعجزة، مع تعزيز الشعارات الدينية وتحويلها من شعار سياسي إلى قناعات شبه دينية، تتمترس وراء ما يسمى بقضايا الإجماع القومي، المتمثلة في مناهضة تقسيم القدس والمطالبة ببسط السيادة اليهودية على الأماكن المقدسة، وعدم الانسحاب إلى حدود سنة 1967 ورفض حقّ العودة، وطرح مقولة "يهودية الدولة"، والمناداة بالفصل الديموغرافي.

وتلعب تلك الحركات دوراً بارزاً في تهويد القدس المحتلة والحركة الاستيطانية في الأراضي المحتلة بأيدٍ استيطانية، مثل جوش إيمونيم التي تشكل الذراع الاستيطاني لحكومات "إسرائيل" العمالية واليمينية على حدٍّ سواء، والتي عمدت منذ تأسيسها في منتصف سبعينيات القرن المنصرم إلى تشجيع الاستيطان وتوفير الدعم المالي له والمشاركة في العطاءات الحكومية بواسطة شركاتها ومؤسساتها، انطلاقاً من رؤيتها، أسوة بغالبية الحركات الدينية السياسية، تجاه "تفرد الشعب اليهودي" ويهودية "أرض إسرائيل" ووجوب استخدام القوة لطرد الفلسطينيين، ورفض إزالة المستوطنات بوصفها قلاعاً أيديولوجية لـ"إسرائيل". وذلك ترديداً لمطالبات ليبرمان الذي يستوطن إحداها، بينما يصطف أغلبية المتدينين في المستعمرات إلى جانب جيش الاحتلال لقمع المقاومة والشعب الفلسطيني، بخاصة أثناء الانتفاضتين الأولى والثانية، وسط خطاب الحاخامات المتشدد ودورهم في تأجيج الحقد والكراهية ضدّ الشعب الفلسطيني والمطالبة بعدم الانسحاب أو التخلي عن الأراضي، استناداً إلى المزاعم الدينية، فضلاً عن الوقوف وراء محاولات اقتحام المسجد الأقصى المبارك، والإيعاز بتنفيذ الحفريات أسفله وبمحيطه مما يهدّد أساساته ويعرضه لخطر الانهيار.

إن تنامي دور الحركات الدينية في الحياة السياسية الإسرائيلية وتكريس حضورها في بنية الكيان المحتل وسط تزايد أعداد المتدينين وأنشطتهم، ترافق مع بدايات المشروع الصهيوني في فلسطين المحتلة، واستمر مع قيام "دولة إسرائيل"، ولكنه أخذ يتزايد مع تقادم الوقت واستمرار مسار الصراع العربي – الإسرائيلي، بعدما تجسد في واقع معين تمخض عنه عدة نتائج، ما تزال قائمة حتى اليوم دون حلّ، بسبب

طبيعة الكيان الإسرائيلي الاستعماري نفسه، في ظلّ صراعات داخلية بين يهودي شرقي ويهودي غربي، وعلماني وديني، ومحاذير الوجود الفلسطيني العربي في فلسطين المحتلة سنة 1948، والقلق على الهوية اليهودية بسبب انتشار ثقافة العولمة، فيما تشكل عملية التسوية السلمية، التي تلقي بظلالها على الداخل الإسرائيلي، سبباً في ذلك التصاعد. في ظلّ محاذير المتدينين اليهود من "الأغيار" (الجوييم) Goyim ومن الانصهار في ثقافة المحيط العربي الواسعة، مما يجعلهم يرفضون العملية السلمية لما تشكل، بالنسبة إليهم، من تهديد للوجود اليهودي كله وخطوة قد تقود إلى التخلي عن فكرة "أرض إسرائيل التاريخية"، وبالتالي فإن "تقدم عملية السلام يعتبر من أكبر التحديات عندهم"[22]، وفق الكاتب الإسرائيلي زئيف شيف Zeev Schiff. فيما شكلت المقاومة الفلسطينية العربية مصدر تصاعد واستنفار تلك الحركات المطالبة بالقضاء عليها والمناهضة لأية حلول للتسوية. غير أن الخلافات الداخلية تبقى محكومة بإطار معين من الاتفاق باعتبار أن الخلاف مع المحيط العربي يعد أكثر أهمية للكيان الإسرائيلي.

خامساً: التناقض بين الفكر الصهيوني والسلام:

يتعارض مفهوم السلام مع الركائز الأيديولوجية للكيان الصهيوني القائمة على العنصرية والتوسع، وسط بحث دائم عن أمن وحماية مفقودين في ظلّ الوجود والمقاومة الفلسطينية في الأراضي المحتلة. وقد فرض انطلاق مسار العملية السلمية في مدريد سنة 1991 على "إسرائيل" إعادة البحث عن هوية الكيان الإسرائيلي، وسط تحولات حدثت في العقد الأخير من القرن العشرين، لم يكن الكيان المحتل بمنأى عنها، في ظلّ بروز مقولات "ما بعد الصهيونية" حول المأزق الإسرائيلي ودور الفكرة الصهيونية في قيادة الدولة، وسبل التعامل مع حقيقة وجود شعبين فلسطيني ويهودي يعيشان على الأرض نفسها، في ظلّ عجز الفكر الصهيوني عن إيجاد حلّ لأشكال العلاقة بالسكان الفلسطينيين في المناطق المحتلة، وعن حلّ معضلة هوية الدولة.

ومنذ توقيع المعاهدة المصرية – الإسرائيلية سنة 1979، ظهرت في دوائر السجال الفكري الإسرائيلي بدايات التناقض بين الثوابت الأيديولوجية وآليات العمل السياسي، أخذت مداها عند اتهام حكومة مناحيم بيجن Menachem Begin بالتخلي عن "أرض إسرائيل الكاملة"، التي تشكل جزءاً من المقولة الأيديولوجية الصهيونية وامتداداً حيوياً للأمن القومي الإسرائيلي، كما فتحت مشاركة "إسرائيل" في مؤتمر مدريد سجالاً مشابهاً، ولكنه أكثر حدة واتساعاً بمشاركة تيارات المجتمع الإسرائيلي.

وقد أسست العملية السلمية لملامح مرحلة إسرائيلية جديدة تتكثف فيها المساءلات حول وظيفة الدولة ودورها وهويتها ومستقبلها وعلاقتها بالصهيونية، فيما أحيطت الشكوك بجدوى مقولات صهيونية مثل "إسرائيل الكبرى" أو "أرض الميعاد" التي تشكل أُسّ الدعاوى الصهيونية التاريخية والدينية والأيديولوجية التي تنظر إلى الضفة الغربية والقطاع بصفتهما جزءاً من "أرض إسرائيل"، دون أن يعني ذلك استبعادهما كلياً، بخاصة في ظلّ وجود الحركات الدينية السياسية التي تتغذى من تلك المقولات وتستمد دورها الفاعل من الإبقاء عليها، أو عند الحديث عن الضرورات الأمنية والأمن الإسرائيلي، باعتبارها مبررات تسمح بالتفاوض حول وجود إسرائيلي ما بشكل دائم أو مؤقت في تلك المناطق.

ولكن "إسرائيل" غير مستعدة لتبديل طبيعتها وخطابها الأيديولوجي على الرغم من محاولاتها للتكيف مع المتغيرات الدولية والإقليمية، فهي تبحث عن صيغة ما تمكنها من تحقيق السيطرة والأمن دون أن تؤدي إلى اهتزاز الداخل الإسرائيلي وفقدان مصداقية المشروع الصهيوني، سواء للمستوطنين أو للمركز الإمبريالي الذي تتبع له. وهو أحد أهم التناقضات التي تكتنف مسيرة التسوية السلمية، فضلاً عن أنها "ليست مضطرة اليوم إلى تسوية تشمل حلاً وسطاً على الصعيد الإقليمي بخصوص الأراضي المحتلة وإضعاف قدرتها الرادعة، لأن موازين القوى تصب في صالحها"، بحسب قول الكاتب الإسرائيلي أنطوني كوردسمان Anthony Cordesman[23]. وتدرك القوى المعارضة للسلام في الكيان المحتل مسألة التناقض القائم بين الصهيونية بفكرها

التقليدي، والسلام والتعايش، مثلما تعي العلاقة الطردية بين تقدم السلام وتفاعل الثقافات وتحلل الفكر الصهيوني التقليدي، مما يفسر سبب معارضة قوى التطرف الإسرائيلي للسلام، باعتبار الأخير يُعد احتضاراً للفكر الصهيوني التقليدي ونهاية له كثقافة عفى عليها الزمن.

إن تواتر الرفض الإسرائيلي لتقسيم القدس ووقف الاستيطان وحقّ العودة، مصحوباً بسياسة العدوان والقوة ضدّ الفلسطينيين، التي وظفتها الصهيونية منذ بداياتها من أجل تحقيق طموحاتها الاستعمارية، وكانت سبباً في إشعال المقاومة الفلسطينية، من شأنه الإبقاء على المقاومة المناهضة للاحتلال وتقويض أي تحرك نحو التوصل إلى اتفاق، كما يرى الكاتب الإسرائيلي نورمان فينكلشتاين Norman Finkelstein، الذي يعتقد بأن "إسرائيل" لن تنسحب من الأراضي المحتلة إلا إذا نجح الفلسطينيون في حشد القوة الكافية "لتغيير حسابات الخسارة لديها، بجعل الاحتلال مكلفاً، كما حصل مع المقاومة اللبنانية عام 2000، فيما كانت تفكر إسرائيل بالانسحاب خلال الأعوام الأولى من انتفاضة عام 1987 تأثراً بالخسائر الدولية والداخلية التي ألحقها الشعب الفلسطيني بها"[24]، وذلك قبل أن يتم الالتفاف عليها من خلال مؤتمر مدريد.

سادساً: الدور الدولي في عملية السلام:

يلعب العامل الدولي، وبخاصة الأمريكي منه، دوراً بارزاً في مسار الصراع منذ وجود المشروع الصهيوني في أرض فلسطين، وقيام "دولة إسرائيل"، وانطلاق العملية السلمية في مدريد سنة 1991 وتوقيع اتفاق أوسلو سنة 1993، حتى اليوم. ويشكل التحالف الأمريكي – الإسرائيلي، الذي تأطر رسمياً ضمن مذكرة تفاهم استراتيجي سنة 1981 أُتبعت بانضمام "إسرائيل" إلى مبادرة الدفاع الاستراتيجي الأمريكية سنة 1983 ومن ثم الإعلان عن قيام حلف دفاعي بين الجانبين في كانون الثاني/ يناير 1996، رفداً عسكرياً ومادياً للاحتلال أسهم في اختلال موازين القوى بين العرب و"إسرائيل" لصالح الأخيرة، مقابل خدمة المصالح الأمريكية في منطقة الشرق الأوسط.

وقد تُرجم الدعم الأمريكي منذ قيام "دولة إسرائيل" سنة 1948، بمجموع "مساعدات مالية مباشرة وغير مباشرة قدرت بنحو 140 مليار دولار"[25]، فضلاً عن المساعدات العسكرية التي أسهمت بفاعلية في تسليح جيش الاحتلال منذ سنة 1948، ودعم الأمن الإسرائيلي، وتعزيز التوسع الاستيطاني والتصدي للمقاومة الفلسطينية. ولم ينحصر الدعم الأمريكي لـ"إسرائيل" على الجوانب العسكرية والاقتصادية فقط، وإنما شمل جوانب سياسية أيضاً، عبر استخدام واشنطن حقّ النقض "الفيتو" في الأمم المتحدة لأكثر من ثلاثين مرّة للحيلولة دون صدور أي قرار إدانة لـ"إسرائيل" فيما يخص الصراع العربي – الإسرائيلي.

ولم تنفك الإدارات الأمريكية المتعاقبة تؤكد خصوصية العلاقة التي تربطها بالكيان الإسرائيلي، على الرغم من أن القرار الإسرائيلي بالتوسع الاستيطاني قوّض جهود إدارة أوباما المبذولة لإحياء عملية السلام، وذلك عندما رفضت الحكومة اليمينية، برئاسة بنيامين نتنياهو، مقترح واشنطن باستئناف المفاوضات الفلسطينية – الإسرائيلية غير المباشرة تزامناً مع تجميد الاستيطان لفترة زمنية تراوحت مدتها بين الستة أشهر والعام.

كما أوجد قرار نتنياهو بناء 1,600 وحدة استيطانية في القدس المحتلة خلال زيارة نائب الرئيس الأمريكي جو بايدن Joe Biden إلى الأراضي المحتلة في 2010/3/10 لبحث إطلاق المفاوضات، توتراً في العلاقة الأمريكية – الإسرائيلية، مما جعل المراقبين والمحللين السياسيين يتوقعون امتدادها إلى أزمة، غير أن الرئيس الأمريكي باراك أوباما بدّد تلك التكهنات باستقباله نتنياهو في البيت الأبيض في 2010/3/23، مؤكداً على "ضمان أمن إسرائيل ومستقبلها في المنطقة"، ونافياً حدوث أزمة وإنما "خلاف بين الأصدقاء"، أردفتها وزيرة خارجيته هيلاري كلينتون Hillary Clinton بخطاب دام قرابة الساعة أمام حشد من أعضاء وأنصار اللجنة الثنائية للشؤون العامة "الأيباك" The American Israel Public Affairs Committee (AIPAC) زخر بمفاعيل العلاقة التاريخية الوثيقة، خلا دعوة بـ"تنازلات إسرائيلية ضرورية لإحياء عملية السلام"[26]،

بينما اكتفت واشنطن ببيانات عنيفة خلت من أية إشارة إلى إجراءات محتملة تجر تبعات خطيرة أو عواقب وخيمة على "إسرائيل" قد تسفر عن شرخ تاريخي بين الحليفين.

على الرغم من الود المفقود بين أوباما ونتنياهو، إلا أن أحدهما لم يجرؤ على تصعيد المواجهة أكثر من ذلك بسبب أوضاع وتوازنات دقيقة في كلا الجانبين، وبحكم مدخلات المصالح الاستراتيجية التي تتجاوز الخلافات العابرة حول المستوطنات أو القضية الفلسطينية، فضلاً عن تحرك الكيان المحتل في إطار اللعبة السياسية الأمريكية وتمتعه بهامش واسع يسمح له بالمناورة، في ظلّ انهماك واشنطن في ملفات العراق وأفغانستان وإيران والملفات الداخلية الأخرى. فيما أدى رفض الكيان الإسرائيلي وقف الاستيطان إلى توقف العملية السلمية وفشل المفاوضات المباشرة قبل أن تبدأ، في ظلّ إصرار الجانب الفلسطيني العربي الذي أعلن عنه في القمة العربية في ليبيا التي انعقدت في 2010/3/27 "بعدم استئناف التفاوض قبل وقف الاستيطان"[27].

بينما يسعى الجانبان الأمريكي والإسرائيلي لتحييد الدور الأممي عن القضية الفلسطينية، بحيث بات دور هيئة الأمم المتحدة هامشياً بالنسبة للصراع العربي – الإسرائيلي، بالتزامن مع إبعاد الاتحاد الأوروبي عن القضية الفلسطينية وحصر دوره في التمويل فقط. بالرغم من أن الوجود الأوروبي في المنطقة قائم وحاضر من خلال العلاقات الاقتصادية والعسكرية والثقافية مع مختلف دول المنطقة، ولكن الموقف السياسي والدور من عملية التسوية لم يكن بحجم مصالحه وحضوره في المنطقة العربية، بسبب طبيعة علاقته مع العرب والولايات المتحدة و"إسرائيل"، فيما واصل ضغوطه في إطار اللجنة الدولية الرباعية على حماس بعد فوزها في انتخابات المجلس التشريعي سنة 2006 وتشكيلها الحكومة ومن ثم سيطرتها على القطاع سنة 2007، للاعتراف بـ"إسرائيل" ونبذ ما يسمى بـ"الإرهاب"، مقابل الاستمرار بتقديم المساعدات للسلطة الوطنية.

أصدر الاتحاد الأوروبي بيانات تسببت في بعض التوتر في علاقته مع الكيان
الإسرائيلي، مثل بيانه الصادر في 2009/12/9 الذي دعا إلى "قيام دولة فلسطينية
على الرابع من حزيران (يونيو) 1967" معتبراً أن "القدس عاصمة مستقبلية لكل
من إسرائيل والدولة الفلسطينية المستقلة في نطاق تسوية سلمية للنزاع الفلسطيني ـــ
الإسرائيلي طبقاً للقرارات الدولية ذات الصلة"، على الرغم من أن هذا البيان شكّل
تراجعاً عن وثيقة سويدية صدرت قبله بأيام دعت إلى "الاعتراف بالقدس عاصمة
الدولة الفلسطينية"[28]. فيما دان اجتماعه المنعقد في 2010/3/22 "قرار إسرائيل بناء
وحدات استيطانية جديدة في القدس المحتلة"، مطالباً بـ"تجميد النشاط الاستيطاني
باعتباره حجر عثرة أمام تحقيق السلام"[29]، كما سببت قضية اغتيال القيادي في
حركة حماس محمود المبحوح على يد الموساد Mossad الإسرائيلي في 2010/1/19
في دبي أزمة في العلاقة بين الكيان الإسرائيلي وعدد من الدول الأوروبية، بعد
كشف الأجهزة الأمنية في دبي عن قيام الأجهزة الإسرائيلية بتزوير جوازات سفر
أوروبية، ومنها بريطانية، ما أدى إلى ازدياد توتر العلاقة بينهما بعد أن أصبح
مسؤولون إسرائيليون كبار عرضة للاعتقال خلال زيارتهم لبريطانيا "لاتهامهم
بارتكاب جرائم حرب في غزة"[30]. غير أن حالة الانفصام الحاد بين القول والفعل
التي تعتري المواقف الغربية عموماً تجاه الكيان الإسرائيلي، تجعل من المستبعد تحول
التوتر في العلاقة إلى نشوب أزمة قد تحمل سلطات الاحتلال على تغيير مواقفها تجاه
بقضايا الصراع.

وفي الوقت الذي حرص فيه الكيان الإسرائيلي على توطيد علاقاته مع الولايات
المتحدة بالتزامن مع تدعيم علاقات التعاون الاقتصادي مع دول أوروبا وروسيا
والصين واليابان وشرق وجنوب شرق آسيا وتركيا وأفريقيا، أنتجت مكاسب
اقتصادية وتسهيلات تجارية، إلى جانب مكاسب سياسية ودبلوماسية، من أجل
تأمين وجود سياسي ودبلوماسي يستطيع استثماره في مواقفه السياسية تجاه الصراع
العربي ـــ الإسرائيلي، فإن الدول العربية بقيت أسيرة العلاقة مع الولايات المتحدة،

دون أن تتجه لتدعيم علاقاتها مع دول أخرى، بخاصة أوروبا والصين التي يجمعها مع الدول العربية تاريخ جيد من العلاقات الثنائية.

سابعاً: خطابا المقاومة والتسوية:

ثمة من يرصد حالة التراجع التي تمس الموقف الفلسطيني والعربي حيال حقّ العودة، بدءاً من البرنامج السياسي المرحلي الذي تبنته منظمة التحرير الفلسطينية سنة 1974 وشكل نقطة انعطاف حاسمة في الفكر السياسي الفلسطيني، حينما لم يرد القرار 194 لدى ذكر حقّ العودة. كما أجل اتفاق أوسلو البحث في قضية اللاجئين إلى مفاوضات المرحلة النهائية، وألزمت المادة السابعة من اتفاق يوسي بيلين Yossi Beilin مع أبي مازن في 1995/10/31 الجانب الفلسطيني بإعادة النظر في حقوق اللاجئين. بموجب قواعد القانون الدولي في ضوء الحقائق المتغيرة على الأرض منذ سنة 1948، حيث يحدد هذا الاتفاق عودة اللاجئين إلى الدولة الفلسطينية المستقبلية. ولم تخرج مبادرة عامي أيالون Ami Ayalon مع سري نسيبة في تموز/ يوليو سنة 2002 وتفاهمات جنيف في 2003/12/1 عن الإطار ذاته حينما أقرت بعودة اللاجئين إلى دولة فلسطين مقابل عودة اليهود إلى "دولة اليهود". فيما تأتي خريطة الطريق لتجسد ما طرحته أوسلو قبلاً حينما أرجأت البحث في قضية اللاجئين إلى المرحلة النهائية.

ويأتي ذلك في ظلّ استقطاب حاد تشهده الساحة الفلسطينية بين خطاب التسوية والمقاومة، وسط وضع فلسطيني داخلي يتسم اليوم بـ"البوصلة المفقودة"، وفق وصف التقرير الاستراتيجي الفلسطيني لسنة 2008، وذلك بسبب استمرار الانقسام بين حركتي فتح وحماس وحكومتي رام الله وغزة بعد فوز حماس في انتخابات التشريعي سنة 2006 وتشكيلها الحكومة ومن ثم سيطرتها على قطاع غزة في منتصف حزيران/ يونيو سنة 2007، الذي لم يكن مجرد صراع على السلطة، وإنما انعكاساً لخلاف سياسي عميق واختلافاً بين رؤيتين حول طريقة تناول المشروع الوطني، لم

تتمكنا حتى الآن من التوافق على قضايا جوهرية مرتبطة بمساري التسوية والمقاومة، وبالاعتراف بـ"إسرائيل" وبـ"حقها" في الأرض المحتلة سنة 1948، وقد يطول الأمر بانتظار أن تتوافق الرؤيتان أو أن يُحسم الأمر لأحدهما.

فيما تستمر حكومة سلام فياض في إدارة السلطة في الضفة الغربية، في ظلّ التنسيق الأمني مع "إسرائيل"، وفتح المجال أمام جنرالات الإدارة الأمريكية لما يسمى "تطوير وبناء" أجهزتها الأمنية، بما يتوافق واستحقاقات خريطة الطريق ومتطلبات الدور الأمني لإدارة الحكم الذاتي، فكفَّت يد الفلسطينيين ولاحقت المقاومة، لكنها لم تنجح في الحصول على أدنى تعهد من الإسرائيليين بكفّ أيديهم عن الاستيطان ومصادرة الأراضي والتهويد والاعتقالات والاغتيالات. بينما وقعت حكومة إسماعيل هنية في قطاع غزة أسيرة بين الحصار والموت البطيء، أو السقوط والتهميش وربما الاجتثاث إذا ما قدِّر لبرنامج أوسلو وخريطة الطريق العودة لإدارة القطاع. في وقت هدف فيه الحصار إلى كسر الإرادة والتركيع، وفرض الشروط الإسرائيلية والأمريكية على الشعب الفلسطيني، فكان استمرار حماس في التسلح والإعداد لمواجهة الاجتياح الإسرائيلي، دليلاً على إصرارها على الصمود وإنجاح خط المقاومة الذي تتبناه. وقد أدى "فقدان الاتجاه" و"ضياع البوصلة" في قيادة المسار الوطني الفلسطيني، وتعارض برنامجي وأسلوبي القيادة في رام الله وغزة، إلى محصلة سلبية أثرت على المشروع الوطني الفلسطيني. وقد استفادت سلطات الاحتلال من استمرار الانقسام في متابعة عدوانها على الشعب الفلسطيني[31].

هوامش الفصل الثاني

[1] إسرائيل شاحاك ونورتون ميزفينسكي، **الأصولية اليهودية في إسرائيل**، ترجمة ناصر عفيفي (القاهرة: مكتبة الشروق الدولية، 2004)، ص 45-51.

[2] يكوف رابكن، "استخدام القوة في التقاليد اليهودية وفي الممارسة الصهيونية،" مجلة **المستقبل العربي**، مركز دراسات الوحدة العربية، بيروت، العدد 331، 2006، ص 154-155.

[3] جريدة **الدستور**، عمّان، 2001/9/11.

[4] جريدة **الشرق الأوسط**، لندن، 2007/3/31.

[5] انظر في ذلك: بني موريس، **طرد الفلسطينيين وولادة مشكلة اللاجئين: وثيقة إسرائيلية**، ترجمة دار الجليل (عمّان: دار الجليل للنشر والدراسات والأبحاث الفلسطينية، 1993)، ص 266-270؛ وإيلان بابه، **التطهير العرقي في فلسطين**، ترجمة أحمد خليفة (بيروت: مؤسسة الدراسات الفلسطينية، 2007).

[6] *Encyclopaedia Judaica* (Jerusalem: Keter Publishing House Ltd., 1971), vol. 9, p. 656.

[7] انظر: غازي حسين، "العنصرية في القوانين الإسرائيلية،" مجلة **المستقبل العربي**، مركز دراسات الوحدة العربية، بيروت، العدد 222، 1997، ص 75.

[8] إسرائيل شاحاك، **عنصرية إسرائيل بالوثائق والأرقام والأسماء**، ترجمة خليل فريجات (دمشق: دار طلاس للدراسات والترجمة والنشر، 1988)، ص 82؛ وانظر: إبراهيم عبد الكريم، "في فلسفة العنف العنصري الصهيوني الموجه ضدّ العرب،" مجلة **شؤون عربية**، جامعة الدول العربية، العدد 58، 1989، ص 131.

[9] طاهر شاش، **مفاوضات التسوية النهائية والدولة الفلسطينية** (القاهرة: دار الشروق، 1999)، ص 130.

[10] عوزي بنزيمان، "أروقة السلطة... تعب المعركة،" جريدة **هآرتس**، 2000/3/11.

[11] لمزيد من التفاصيل انظر: "نصّ بيان الرئيس بوش عن الشرق الأوسط،" مجلة **السياسة الدولية**، مؤسسة الأهرام، العدد 149، 2002، ص 112-113.

[12] جريدة **الغد**، عمّان، 2005/10/19.

[13] نيكولاس جويات، **غياب السلام: محاولة لفهم الصراع الإسرائيلي الفلسطيني**، ترجمة طلعت الشايب (القاهرة: المجلس الأعلى للثقافة، 2005)، ص 258-261.

[14] **المرجع نفسه**، ص 13.

[15] جريدة **الحياة**، لندن، 2005/6/29.

[16] **هآرتس** (عبرية)، 2006/10/18.

[17] شلومو بروم، "خطة فك الارتباط: اليوم التالي،" مجلة **الدراسات الفلسطينية**، مؤسسة الدراسات الفلسطينية، العدد 63، 2005، ص 142-147.

[18] **هآرتس**، 2009/6/26.

[19] انظر: محسن صالح (محرر)، **التقرير الاستراتيجي الفلسطيني لسنة 2009** (بيروت: مركز الزيتونة للدراسات والاستشارات، 2010)، ص 105.

[20] شلومو سويرسكي، "ثمن الاحتلال: كلفة الاحتلال للمجتمع الإسرائيلي،" **مجلة الدراسات الفلسطينية**، مؤسسة الدراسات الفلسطينية، العدد 65، 2006، ص 78-84.

[21] آفي شلايم، "الولايات المتحدة الأمريكية والصراع الإسرائيلي العربي،" في كين بوث وتيم ديون (محرر)، **عوالم متصادمة: الإرهاب ومستقبل النظام العالمي**، ترجمة صلاح عبد الحق (أبو ظبي: مركز الإمارات للدراسات والبحوث الاستراتيجية، 2005)، ص 237-238.

[22] زئيف شيف، "ميزان القوى وعملية السلام: إذا لم يتم السلام ستنشب الحرب،" **مجلة شؤون الأوسط**، مركز الدراسات الاستراتيجية والبحوث والتوثيق، العدد 109، 2003، ص 47.

[23] أنطوني كوردسمان، "المعاني الاستراتيجية الضمنية للأزمة الفلسطينية،" **مجلة المستقبل العربي**، مركز دراسات الوحدة العربية، بيروت، العدد 341، 2007، ص 10.

[24] نورمان فينكلشتاين، **الصراع العربي – الإسرائيلي... خلفية تاريخية ورؤى مستقبلية: الكارثة المنتظرة في فلسطين**، ترجمة أميرة أبو سمرة (القاهرة: مركز الدراسات والبحوث السياسية في كلية الاقتصاد والعلوم السياسية في جامعة القاهرة، 2005)، ص 32-42.

[25] جون ميرزهايمر وستيفن والت، "اللوبي الإسرائيلي وسياسة أمريكا الخارجية،" **مجلة المستقبل العربي**، مركز دراسات الوحدة العربية، بيروت، العدد 327، 2006، ص 28.

[26] جريدة القدس، 2010/3/24.

[27] جريدة القدس العربي، لندن، 2010/3/28.

[28] جريدة القدس، 2009/12/10.

[29] القدس العربي، 2010/3/23.

[30] جريدة القدس، 2010/3/24.

[31] محسن صالح (محرر)، **التقرير الاستراتيجي الفلسطيني لسنة 2008** (بيروت: مركز الزيتونة للدراسات والاستشارات، 2009)، ص 23-70.

الفصل الثالث: محاذير اشتراط الاعتراف الفلسطيني بـ"يهودية الدولة"

لم يعد الكيان الإسرائيلي يكتفي بالاعتراف به كدولة ذات سيادة وكأمر واقع وإنما دولة يهودية ذات شرعية دولية بالاتفاقيات والأعراف والقانون الدولي، بما يمنحها مشروعية تاريخية وقانونية مزعومة، تحمل مخاطر على الحقوق الوطنية الفلسطينية المشروعة، بخاصة عند تضمينه شرطاً إسرائيلياً إضافياً لاستئناف المفاوضات المباشرة مع الجانب الفلسطيني.

وتجد إرهاصات الزج الإسرائيلي بالبعد الديني اليهودي في الحيز السياسي، التفاوضي فيما بعد، تأصيلاتها منذ نفاذ المشروع الاستعماري الاستيطاني في فلسطين، تمهيداً لإقامة "دولة" تحمل طابعاً يهودياً، حيث تمّ الاعتماد في ذلك على اشتقاق نصوص توراتية وتلمودية منتقاة يتم توظيفها لخدمة أغراض الاحتلال، وقولبة مفاهيم كامنة في الذهنية اليهودية والالتفاف على بعضها بما يخدم هدف الهجرة والاستيطان والاستعمار، فلئن وجد التمازج بين الصهيونية السياسية والدين تأطيره في بنيوية "الصهيونية الدينية" التي شكلت مخرجاً شرعياً للاحتلال والتوطين والطرد في فلسطين.

كما شكل أيضاً سنداً مهماً للصهيونية عند تجاوزها لمواقف الهسكالاة Haskalah (حركة التنوير اليهودية) ولبعض المتدينين الأرثوذكس Orthodox، مثل حركة ناطوري كارتا Neturei Karta (حراس المدينة)، المناهضة للصهيونية والمكفّرة للدولة والمعتزلة لهياكلها المؤسسية والتنظيمية، نحو منفى غير مسيحاني Anti-Messianic ليس ببعده الجغرافي وإنما ببعده الروحي الذي لم يغيره نيل ما يسمى "الاستقلال" إلا لحين ظهور "المسيح المخلص" Messiah، حيث يقيم أنصار الحركة في أحياء منغلقة تشبه "الجيتو" Ghetto في القدس المحتلة، وذلك بسبب تخطي الصهيونية للإرادة الإلهية والحلول مكانها باستباق مجيء "المسيح المخلص"، بالرغم من محاولة الصهيونية الالتفاف على المفهوم بمقولة أن العودة إلى "أرض الميعاد" ستعّجل من ظهوره.

وقد تجاوزت الصهيونية تلك المواقف المناهضة لجهة توظيف نصوص التوراة والتلمود والهالاخاه Halacha (التعاليم الدينية اليهودية) والقبالاه Kabbalah (التراث الصوفي اليهودي)، في صياغة مزاعم "الوعد الإلهي" وأحقية "الشعب المختار" في "أرض الميعاد" و"القدس الموحدة والأبدية لإسرائيل"، أساساً لشرعية العودة وامتلاك الأرض المقدسة والمطالبة بـ"أرض إسرائيل الكاملة"، وبالأحقية الشرعية في المقدسات الإسلامية التي تزعم أنها إرث يهودي تاريخي، فضلاً عن صياغة قوانين وتشريعات وتهويد القائم من الهياكل المؤسسية والتشريعية بعد استلاب الأرض والتاريخ من أصحابها الشرعيين.

ومن أجل محاولة تبيان مخاطر الاشتراط الإسرائيلي بالاعتراف الفلسطيني بـ"يهودية الدولة" على الحقوق الوطنية الفلسطينية، سيتم التوقف عند مواطن توظيف الصهيونية للدين في مشروعها الاستعماري الإحلالي الاستيطاني في فلسطين، في مرحلتي ما قبل وما بعد نفاذه في الأراضي المحتلة، وصولاً إلى إقامة الكيان الإسرائيلي فيها.

أولاً: إشكالية الدين والسياسة في الديانة اليهودية:

بعيداً عن المقولات بشأن تحريف الديانة اليهودية والتأويلات المتغايرة للتوراة (فهو ليس مجالنا هنا)، فإن أسفار العهد القديم[1]، الذي بين أيدينا[2]، إضافة إلى تعاليم التلمود[3] تحملان العديد من النصوص التشريعية حول الشؤون الدينية والدنيوية معاً، بما يتصل في بعضها بذكر الأرض والحرب والصراع والقتل وامتلاك أراضي الآخرين، ضمن صياغة توليفية للنظرة نحو "الذات" وتجاه "الآخر"، تشكل مصدراً مرجعياً فكرياً وعملياً وقاعدة بنيوية للمتدينين اليهود، وتحديداً اليهودية الكلاسيكية والأرثوذكسية المتشددة (الحريدية)، فيما تمثل أداة وظيفيةً للصهيونية لتسويغ ادعاءات ومزاعم الأحقية التاريخية لليهود في فلسطين، بغية جذبهم وحملهم للهجرة إليها من الخارج والاستيطان فيها، ولتبرير التوسع الدائم في الحدود ونهج الدولة في العنف والتطرف.

وتتداخل أصول وطقوس الديانة اليهودية في صميم الحياة اليومية لليهود، وهو أمر يظهر في تعدد الشعائر اليهودية التي تغطي كل جانب من جوانب حياة اليهودي، فاليهودية في الأساس دين أعمال لا دين إيمان، وهي في جوهرها أسلوب حياة لا عقيدة تعتقد. وقد أسهم مفهوم الشريعة الشفوية، الذي تنفرد به الديانة اليهودية دون الديانات السماوية الأخرى، وهو يساوي بين الكتاب المقدس وتفسيراته، والذهاب إلى حدّ افتراض وجود توراتين إحداهما مكتوبة والأخرى شفهية تلقاهما موسى عليه السلام في سيناء، في دعم مركز الحاخامات وخلع ضرباً من القداسة عليهم باعتبارهم مبشري تلك الشريعة وحملة رايتها ومفسريها.

1. التأثير الديني في بناء الشخصية اليهودية:

تحمل الديانة اليهودية بين طيّات نصوصها مجموعة من الأفكار المحورية التي كان لها الأثر البالغ، وما يزال، في تشكيل ذهنية اليهود وبناء معتقداتهم الثقافية ومنطلقات نظرتهم نحو "الذات" وتجاه "الآخر"، بما قد تكون أوجدت لديهم استعداداً لتلقي الأيديولوجية الصهيونية. غير أن الحديث عن هذه الجوانب في النسق الديني اليهودي ليس معناه أن اليهودية قد تسببت وحدها في إيجاد عقلية يهودية معينة تنحو في هذا الاتجاه أو ذاك، أو أنها أدت إلى ظهور الصهيونية، ولكن ثمة اندماج أو ارتباط اختياري بين اليهودية ونمط معين من أفكار دينية ومناخ ديني أوجدته اليهودية، مما أوجد عند اليهود استعداداً كامناً للتأثر بأفكار سياسية معينة يختلط فيها المطلق بالنسبي والمقدس بالقومي. كما أن تفسير الأفكار الدينية يلعب دوراً محورياً في مدى فعاليتها على المستوى السياسي والتاريخي وفي الشكل الذي قد تأخذه، وهو أمر وجد صيغه في تيار قوي في الفكر الديني اليهودي الإصلاحي والتقليدي الأرثوذكسي فسّر هذه الأفكار بطريقة أكسبتها مضموناً روحياً ودينياً معيناً.

وتجد تلك الأفكار مكانها في مواضع متعددة من أسفار العهد القديم ما تزال تتردد حتى اليوم على ألسنة عدد من اليهود، ليس فقط المتدينين منهم، وإنما أيضاً العلمانيين

من قادة الحركة الصهيونية بقصد توظيفها انتقائياً عندما تدعو الحاجة إليها. ونشير في هذا السياق إلى بعض ما ورد فيها، على سبيل المثال لا الحصر لأغراض الدراسة فقط، حيث تورد التوراة كثيراً من النصوص التي تشير إلى تميز اليهود عن سواهم من الأجناس البشرية وأحقيتهم في الاستيلاء على الأرض، وذلك بالتأكيد على أن الرب إله لبني إسرائيل فقط وأن التوراة ملكهم وحدهم أنزلها الله تعالى عليهم وليس للناس جميعاً بوصفهم "شعب الله المختار"، حيث جاء فيها "لأنك شعب مقدس للرب إلهك قد اختار الرب إلهك لتكون له شعباً أخص من جميع الشعوب الذين على وجه الأرض"[4].

وتتحدث التوراة عن مخاطبة موسى للرب لكي يسير معهم في رحلة الخروج قائلاً "أليس بمسيرك معنا فنمتاز أنا وشعبك عن جميع الشعوب الذين على وجه الأرض"[5]، وقد استخدم أحبار اليهود كلمة التمييز بالرغم من أن تعبير التمييز العنصري لم يكن وارداً حينها، حيث تمّ تداوله بعد فترة طويلة من مرحلة تدوين التوراة. ولم يأت ذكر قضية التمييز في التوراة إلا لتأدية وظيفة محددة، فهي تمهد لعملية "الاصطفاء الإلهي" لليهود، باعتباره أساساً تقوم عليه فكرة الاختيار والتفوق على كل الأجناس والمخلوقات غير اليهودية، بما يؤهل لعملية اكتساب السمات والمزايا العديدة التي أضفاها الإله على اليهود لتميزهم، فالاختيار، عندهم، نهائي غير مشروط بزمن، مردّه التفوق والنقاء أو تكليف ديني، أو سرّ من الأسرار الإلهية. وتربط التوراة بين مقولتي "الشعب المختار" و"الأرض الموعودة" بنسيج محكم الوثاق، بحيث لن يتحقق تميز ذلك "الشعب" إلا بعد عودته إلى الأرض التي وعدهم الرب بها لتكون لهم بمثابة المآل المحتوم بعد سنوات النفي الطوال، حيث جاء فيها "أقيم عهدي بيني وبينك وبين نسلك من بعدك في أجيالهم عهداً أبدياً لأكون إلهاً لك ولنسلك"[6].

كما تتضمن التوراة نصوصاً ذات مضامين توسعية، فقد جاء في أحد أسفار العهد القديم "لنسلك أعطي هذه الأرض من نهر مصر إلى النهر الكبير نهر الفرات"[7]، وأيضاً "ارفع عينيك وانظر الموضع الذي أنت فيه شمالاً وجنوباً وشرقاً وغرباً لأن جميع

الأرض الذي أنت ترى لك أعطيتها ولنسلك إلى الأبد"[8]. ومثلما تحث التوراة بني إسرائيل على عدم إبرام العهود والمواثيق مع أهل الأرض التي يحتلونها حيث جاء فيها "لا تقطع لهم عهداً"[9]، فإنها عدّت الرب هو "رجل الحرب"[10] يدفع بني إسرائيل إلى الحرب ويضع لهم الخطط ويحارب عنهم أيضاً. وثمة نصوص في التوراة تنطوي على صنوف من العنف والعدوانية حيث جاء فيها "طرد شعوباً كثيرة من أمامك ودفعهم الرب إلهك أمامك وضربتهم (..) وتهدمون معابدهم وتحرقون المدينة بالنار"[11].

ويأتي التلمود ليرسخ ما ورد في طيّات التوراة من نصوص عنصرية وتوسعية تغطي كل جوانب الأنشطة الدينية والدنيوية في الحياة اليهودية، وهو يعدّ مقدساً من اليهود جميعاً باستثناء السامريين والصدوقيين والقرائين[12] الذين لا يعترفون إلا بنصوص العهد القديم دون التلمود لكونه غير مُوحى به من الله تعالى، في حين يذهب الفريسيون[13] إلى اعتبار التلمود أكثر قداسة من التوراة. وتصف تعاليم التلمود اليهود بـ"شعب الله المختار" الذين اصطفاهم من دون شعوب الأرض ليتسيدوا عليهم، فاليهودي "مُعتبر عند الله أكثر من الملائكة"، وهو "جزء من الله"[14]. وقد أجازت شروحات التلمود استباحة امتلاك الأراضي وضمها حتى لو اقتضى ذلك اللجوء إلى القوة والعنف، حيث خاطبت اليهود بالقول "كل مكان تطؤه أقدامكم وكل الأماكن التي تحتلونها فإنها لكم فأنتم تسرقون الجوييم المستكبرين في الأرض"[15]، وعدّت "أن الذي يردُّ إلى الغريب ما فقده يقترف إثماً لأنه يضاعف قوة الأغيار"[16]. وتتواتر عبارات استباحة اللجوء إلى العنف والعدوانية في التلمود الذي يحث عليها باعتبار أن قتل غير اليهودي ليس خطيئة إنما "عمل صالح وجائز وعادل ومرضٍ لله"[17].

2. الخصوصية اليهودية في النصوص التوراتية والتلمودية:

لقد حملت تلك النصوص التوراتية والتلمودية بين ثناياها كثيراً من المفاهيم والأفكار التي تضفي سمة الذاتية على المطلق، فالمطلق في اليهودية ذاتي، ولكن مطلقات اليهود مقصورة عليهم وحدهم، ولذا فهي تكتسب طابعاً قومياً بحيث يصبح المقدس (المطلق) هو النسبي (القومي)، فاليهود لا يعدّون أنفسهم جماعة دينية

فحسب، وإنما قومية أيضاً لها لغتها الخاصة وتراثها الديني/ القومي الخاص بها. وعبر التاريخ كانت الأقليات اليهودية المتناثرة ترى أن ثمة رابطة عرقية أو قومية تربطها، فيما أسهمت أفكار ومفاهيم دينية يهودية أخرى، مثل فكرة "الشعب المختار" أو "الشعب اليهودي المقدس"، في تعميق العزلة عن الأغيار، بالتزامن مع انتحاء تيار عميق في اليهودية جانب عزل اليهودي عن العالم المحيط به. وقد حاولت اليهودية توحيد اليهود عن طريق توحيد الشعائر والطقوس الدينية التي تؤكد الانفصال عن الأغيار، وليس عن طريق توحيد العقيدة والرؤية والقيم الأخلاقية وتأكيد شمولها وفاعليتها كما هو الحال في المسيحية والإسلام، وتهدف إلى تذكير اليهودي بتميزه وتفرده عن "الآخر".

وينسحب ذلك الأمر على مفهوم "الإله" أو "يهوه" في اليهودية، الذي تبلورت صورته المرتبطة بالنظرة إليه وبموقعه وصفاته في مراحل متأخرة من التاريخ. وقد خصّ اليهود أنفسهم بـ"يهوه" ولم يسمحوا لغيرهم بعبادته أو الدخول في دينه، ومن هنا ينبثق ترويجهم لفكرة "الشعب المختار". ويبدو أن تاريخ اليهود في مراحله المختلفة وما به من تشتت وأسر قد جعل هذه الجماعة البشرية تبحث عن "وطن مقدس" في تراثها الديني، وكان لها ذلك في نصوص التوراة التي عدّوها وعداً إلهياً بأرض مقدسة يعطيها الله لهم، ووجد معناه في مقولة "أرض الميعاد" ركيزة أساسية للديانة اليهودية. ومن هنا فإن دعوة "إسرائيل الكبرى" ليست وقفاً على المتدينين والمتطرفين وحدهم بل هي تنبع من الوجدان الجماعي في الداخل الإسرائيلي بعد تلقينها شتى المضامين الدينية المزيفة وعقب الربط بين الحوافز الدينية والأطماع التوسعية للكيان المحتل، وهذه الفكرة موجودة في نصوص التوراة لكنها ارتبطت في أذهان بعض الجماعات اليهودية بـ"خريطة إسرائيل"، فجرى طرح تصورات مختلفة لحدود تلك الأرض تنسجم مع ما ورد في النصوص الدينية اليهودية.

غير أن أبرز العقائد اليهودية تتمثل في عقيدة الماشيح أو المسيح المخلص، حيث الاعتقاد بالوعد الإلهي لليهود ببعث نبي ينقذهم ويخلصهم من العذاب. و"الماشيح"

أو المسيح المنتظر في الفكر اليهودي ليس إنساناً عادياً، بل سماوياً خلقه الله تعالى قبل الدهر على أن يبقيه في السماء إلى حين تأزف ساعة إرساله في نهاية التاريخ أو "سبت التاريخ" فيظهر في جبل ميرون في الجليل ومن ثم يتوجه من هناك سيراً على الأقدام إلى القدس، التي اكتسبت لدى المتدينين قيمة دينية وفق ذلك الاعتقاد، إبان "تجميع شتات اليهود المنفيين والعودة بهم إلى الأرض المقدسة وتحطيم أعداء إسرائيل في معركة هرمجدون Armageddon (التي تؤمن بها وتروج لها الصهيونية المسيحية) فيعم السلام بظهوره ويتخذ أورشليم عاصمة له تمهيداً لإعادة بناء الهيكل"[18]. وقد أضعفت عقيدة الماشيح من انتماء اليهود لأي حضارة أو مجتمع يعيشون بين ظهرانيه، مثلما عمّقت من إحساسهم بالتميز والتفرد، واستعدادهم للعزلة والانفصال عن الأغيار، لأن انتظار الماشيح يلغي الإحساس بالانتماء الاجتماعي والتاريخي، فيما تضعف الرغبة في العودة من إحساس اليهودي بالمكان وبالانتماء الجغرافي له.

3. تطور مفهوم الهوية اليهودية:

كما تعدّ فكرة "الشعب اليهودي" محورية في العقيدة اليهودية، فثمة إجماع بين الحاخامات الأرثوذكس على أن مفهوم "الشعب اليهودي" في اليهودية تعبير ديني يشير إلى طائفة المؤمنين المخلصين الذين يتوجهون بإيمانهم إلى الله الواحد، فيما يرتهن انتماءهم وبقاءهم بمدى طاعتهم لله تعالى وإخلاصهم له، وفق عهد ديني قائم بينهم وبين الله تعالى، وكثيراً ما تتم الإشارة في الكتابات الدينية لليهود على أنهم "شعب التوراة"، أي شعب يتمتع بمجموعة من القيم الدينية لا ينتمي إلى أرض معينة وبالتالي عليه العيش بسلام في البلد التي يقيم فيها، إلى حين العودة لـ"الأرض الموعودة". ولكن اليهودية ليست مرادفة لكلمة الديانة اليهودية، بخاصة بعد نهاية القرن الـ19، وإن كانت الديانة اليهودية تشكل جزءاً من اليهودية، عدا عن وجود ارتباط بين اليهودية بوصفها ديانة واليهودية باعتبارها مسمى لجماعة بشرية، بحيث تمثل اليهودية، عندهم، الوحدة التي توصف بكونها ديانة قومية تُعبر عن ثقافة مستقلة ذات طابع متميز يختلف عن المجتمع الذي يحيط بها.

ويمكن اعتبار عناصر مفهوم اليهودية بمثابة "هويات" يهودية متعددة ومركبة وليست هوية واحدة، وقد تكون مجرد تسميات، نظراً للأسس التي يقوم عليها تعريف اليهودية: دينية، قومية، أو دينية قومية، ولموقع تعريف اليهودية بين الواقعية والمثالية. وعليه فإن استخدام مفهوم "الهويات" اليهودية أو أعضاء الجماعات اليهودية قد يعبر عن نموذج أكثر تركيبية وتفسيراً لواقع أعضاء الجماعات اليهودية، ويصف التغيرات التاريخية والثقافية والدينية التي دخلت على هذه الهوية وحولتها إلى هويات مختلفة. ومن ذلك، نجد أن ثمة تسميات ومصطلحات متعددة ومتداخلة في مفهوم اليهودية، مثل السامية، على سبيل المثال، والعبرانيون، وبنو إسرائيل، والموسويون، وغيرها، فاليهودية مسمى أطلق على جماعات بشرية وليست عرقية كما تحاول اليهودية أو الصهيونية تصويرها، يرتبط بدلالته أكثر من عناصره.

وقد ظهر هذا المفهوم في مرحلة معينة من مراحل تطور مجموعة بشرية معينة، كان يشار إليها بتعبيرات أو تسميات أخرى، مثل الإسرائيليين نسبة إلى الاسم البديل ليعقوب بن إبراهيم، والعبرانيين نسبة إلى العبور، فيما يعتقد بأن "أصل تسمية اليهودية مشتق من مملكة يهوذا مملكة الجنوب التي عاصمتها القدس بعد انقسام مملكة سليمان بن داوود عليهما السلام، أو مشتق من "يهوذا" أحد أسباط يعقوب الإثنى عشر أو من إله اليهود "يهوه"، أو من الذين هادوا، أي تابوا ورجعوا، وهذا التعدد يؤكد مدى الخلط والالتباس الذي يحيط بالمفهوم"[19]، وهذا لا يعني أن تلك التسميات القديمة قد بادت بل إنها تطورت، مثل العبرية التي اقترنت باللغة، و"إسرائيل" التي باتت الدولة الصهيونية. كما ارتبط المفهوم في بعض الأحيان بالأصل العرقي، وكأنه تسمية لجنس بشري بذاته، اقترن بمجموعة بشرية يعدّها البعض قومية، بينما تمّ النظر إلى اليهودية على أنها ثقافة، أو نسق من الأفكار لمجموعات بشرية منتشرة في مجتمعات مترامية، بما يشي عن اقتران مفهوم اليهودية بتسميات فرعية ارتبطت بتطور جماعة بشرية معينة فكرياً وحركياً، بحيث لا يمكن القول أن له دلالة محددة لأمر محدد واحد وإنما مفهوم معقد ومركب.

لقد ارتبطت عقائد التلمود وتعاليمه في أذهان اليهود الذين تربوا عليها بنوع من العصبية الدينية التي استسهلت فيما بعد قوالب القومية العنصرية وحدودها الضيقة، حتى أنها رأت في القومية نوعاً من الاستمرار والتواصل مع حياة العزلة والانطواء وراء جدران أنساق مغلقة عُرف أشهرها بـ"الجيتو"، بوصفه حياً منفصلاً محاطاً بالأسوار يقطنه طواعية أقلية دينية. وقد زاد البناء الحضاري والديني للجيتو من عزلة اليهود، فيما عمقتها القوانين الدينية اليهودية المختلفة، خاصة قوانين الطعام (الكوشير Kosher) وتحريم الزواج المختلط وصلاة الجماعة وعادات الدفن والمدافن الخاصة؛ فاليهود لا يأكلون مع الأغيار ولا يصلون ولا يدفنون معهم ولا يتزوجون منهم، أي أنها عزلة كاملة من الميلاد وفي الحياة وحتى الموت. ويبرز داخل هذا الإطار الحضاري الانعزالي أهمية بعض الشخصيات كالحاخام الذي يشغل مركزاً قيادياً بارزاً في الجماعة، بينما يشكل المعبد اليهودي أهم مكان فيه، باعتباره مكاناً للصلاة وللتعليم والاجتماع معاً.

وكان الحاخامات يتلقون تعليماً دينياً تلمودياً في معظمه ثم قبالياً نسبة إلى القبالاه أو القباله، مشكلين طبقة مثقفي الجيتو. فيما يدرس اليهودي في مدارس ملحقة بالمعبد اليهودي يطلق عليها اسم "حيدر" ثم ينتقل منها إلى بيت هامدراش Beit HaMidrash ثم إلى اليشيفا Yeshiva، وهي المدرسة التلمودية التي يتلقى فيها تعاليم التوراة والتلمود، والمدراش Midrash والزوهار Zohar، وهي كتب دينية أو صوفية، دون الاقتراب من تاريخ الأغيار، فما يعنيه هو التراث اليهودي وتاريخ اليهود المقدس.

وقد كان ذلك بمثابة النمط المثالي عندهم من دون أن يُعد الأسلوب المتبع في الحياة لكل سكان الجيتو، فعلى الرغم من انعزالية الجيتو، إلاّ أنه كان يضم أعضاء الطبقة العاملة في التجارة والمال. وقد ترك الانحطاط الاقتصادي والمعماري للجيتو أثراً عميقاً على وجدان اليهود القاطنين فيه، فعمّق من انفصالهم عن العالم الخارجي، مقابل اعتناق اليهودي لفكرة الانتماء إلى "الشعب المختار" و"المقدس" ولمرحلية الجيتو المؤقتة إلى حين العودة، فقد كان اليهودي يمارس داخله طقوسه اليهودية ثم

يمتنع عن العمل يوم السبت حتى يعجل من عودة الماشيح المنتظر ليقود شعبه إلى "أرض الميعاد" المقدسة التي لم يزرها طيلة حياته والتي لا يربطه بها أي رباط سوى دراساته التلمودية.

4. ظهور حركة التنوير في المجتمع اليهودي:

غير أن أوروبا، إحدى مواطن اليهود، كانت تشهد آنذاك تحولات عبّرت عن نفسها فكرياً في عدة حركات منها حركة التنوير، التي ظهرت في أواخر القرن الـ 17 حتى منتصف القرن الـ 19، منادية بالفصل بين الدين والدولة وبالانتصار للعلمانية في الحكم وبالمساواة بين الأفراد بغض النظر عن انتمائهم الديني أو العرقي. و لم يكن اليهود بعيدين عن تلك الأجواء، فظهر ما يعرف بـ"المسألة اليهودية"، وهي ليست نتاج الاضطهاد والقهر المتعمد من الأغيار ضدّ اليهود، وفق ما تزعم الصهيونية، وإنما نتاج عملية اجتماعية مركبة أسهمت فيها نتيجة الأوضاع التي كانت سائدة في المجتمعات خاصة مع التحول إلى الرأسمالية. وكان اليهود يحلون المشكلة إما بالهجرة إلى شرق أوروبا أو بالاندماج والاستيعاب في المجتمعات سياسياً واقتصادياً وحضارياً، ضمن ما يعرف بحركة "الانعتاق"، أي تحديث أو "تعصير" المجتمع ككل بما في ذلك أقلياته.

و لم يكن انعتاق اليهود شيئاً مقصوراً عليهم وإنما كان جزءاً من حركة عامة تضم أقليات وفئات أخرى، ولكن الدولة التي فصلت نفسها عن الدين ومنحتهم الحقوق طلبت منهم القيام بدورهم بفصل حياتهم داخل الدولة كمواطنين عن انتماءاتهم الدينية وأية انتماءات أخرى تتعارض مع الانتماء القومي، فكان على اليهود التخلي عن انعزاليتهم التقليدية وولائهم الغامض لـ"أرض الميعاد" البعيدة مقابل المواطنة. وعلى نقيض ادعاءات الصهيونية، فإن معظم دول أوروبا منحت اليهود حقوقهم المدنية والسياسية وقدراً كبيراً من الاندماج داخلها. وقد تأثر عدد من اليهود بالمتغيرات الحاصلة، فأصبحت لهم حركتهم المعروفة بـ"الهسكالاة"، وهي كلمة عبرية تعني التنوير، ظهرت بين يهود أوروبا في منتصف القرن الـ 18، حوالي سنة 1750

واستمرت قوية حتى سنة 1880 تقريباً، ويعدّ اليهودي الألماني موسى مندلسون (1786-1729) Moses Mendelssohn فيلسوف التنوير اليهودي، الذي انتقد سيطرة الحاخامات على الديانة اليهودية وعلى اليهود، ونادى بـ"حصول اليهود على حقوقهم المدنية الكاملة عن طريق الاندماج في المجتمعات التي يعيشون بين ظهرانيها شريطة فصل الدين اليهودي عما يسمى القومية اليهودية، والولاء للبلاد التي ينتمون إليها، وليس لقوميتهم الدينية التي لا تستند إلى سند عقلي أو موضوعي"[20].

كما تركت فلسفة مندلسون أثراً عميقاً في الفكر اليهودي، فشكلت اليهودية الإصلاحية نتاجاً مباشراً لها ولحركة التنوير اليهودية عامة، عبر مقولات المفكر الإصلاحي صموئيل هولدهايم (1880-1806) Samuel Holdheim الذي نادى بصيغة معاصرة لليهودية تتخلص من أسر المطلقات اللاتاريخية التي تدور في فلكها، والإعلاء من حكم عقل الإنسان وليس الطقوس والتقاليد الدينية الساكنة، والتمييز بين المقدس الأزلي والدنيوي الزائل، ونسبة الكتاب المقدس إلى صنيعة الإنسان ونتاج وعيه التاريخي وليس صنع الله تعالى.

وطالب تيار عقلاني تاريخي في الفكر الإصلاحي عبر زعمائه، مثل ديفيد فريدلاندر (1856-1734) David Friedländer وأبراهام جايجر Abraham Geiger (1874-1830)، باستبعاد العناصر القومية الموجودة في الدين اليهودي التي تؤكد انعزال اليهود عن الأمم الأخرى ورفض الانعزالية الدينية/ القومية، وإعادة تفسيره على أساس عقلي يركز على قيمه الأخلاقية، ودراسة الكتاب المقدس وفق أسس علمية، وحذف إشارات خصوصية "الشعب اليهودي" من طقوس الدين وعقيدته وأخلاقه وأدبه، والتخلي عن فكرة "الشعب المختار" التي عمقت من عزلة اليهود، بينما حاول بعضهم الإبقاء عليها مع إعطائها دلالة أخلاقية جديدة، فجعلوا اليهود شعباً مختاراً له رسالة أخلاقية ليست قاصرة عليه وحده، لنشرها في العالم أجمع، وهو ما يناقض الفكرة اليهودية التقليدية التي رأت في الاختيار مسألة صوفية يحفّها الغموض وأمراً ربانياً لا يمكن للبشر إدراك كنهه وفقاً لتأويلات متعددة للتوراة.

وينسحب هذا التفكير على فهم الإصلاحيين لـ"أسطورة الشتات" بوصفها وسيلة لتقريب اليهود من الآخرين وليس العزلة عنهم، عبر تشريدهم لنشر رسالتهم بين البشر.

كما عدّل الإصلاحيون من فكرة "العودة" و"الماشيح" فجعلوها أكثر إنسانية وأقل أسطورية وقومية، عبر رفض فكرة العودة الشخصية للماشيح واستبدالها بفكرة العصر الماشيحاني الذي سيأتي بفعل التقدم العلمي والحضاري فيحل السلام والكمال ويتحقق خلاص الجنس البشري كله وينتشر العمران والصلاح في بقاع الأرض، فتحولت الأسطورة المطلقة إلى رؤية شاملة ممكنة التحقيق تدريجياً عبر إرادة الإنسان الواعية، غير مقصورة على اليهود وحدهم بل تضم كل البشر، بما ييسر على اليهودي الاندماج في المجتمعات التي يعيش بينها. وقد تمكنت اليهودية الخلاصية من طرح هذه الرؤى الإنسانية لانفتاحها على التراث الإنساني، ومنه الفكر المسيحي خاصة، بدلاً من الدوران داخل حدود التراث اليهودي التقليدي، وهو الأمر الذي رفضته اليهودية الأرثوذكسية والمحافظة والصهيونية معاً.

5. انحسار حركة التنوير لصالح الحركة الصهيونية:

لم يقدر لحركة الانعتاق إحراز النجاح الكامل بسبب الصعوبات التي واجهتها، أغلبها من جانب اليهود أنفسهم الرافضين للدمج، وبعضها الآخر بسبب قوانين فرضتها الدول نفسها. ولعل الصعوبات التي اعتورت الحركة أدت إلى ظهور حركات تقف ضدّ التيار الإصلاحي والتنويري، كاليهودية الأرثوذكسية بزعامة الحاخام سامسون رافائيل هيرش (1808-1888) Samson Raphael Hirsch، الذي انتقد اليهودية الإصلاحية لانطلاقها من مبادئ مستعارة من غير اليهود، بينما نظر إلى العزلة الدينية طريقاً وحيداً سوياً، وإلى التوراة باعتبارها كلام الله تعالى كتبها حرفياً، قيمها خالدة أزلية تنطبق على كل العصور ولولاها لما تحقق وجود "شعب يسرائيل" الذي عليه اتباع تعاليمها وعدم تغييرها أو تبديلها، فالدين اليهودي لم يكن مجرد عقيدة يؤمن بها اليهودي الفرد بل نظام ديني يغطي كل جوانب الحياة اليهودية.

وقد كان من المنطقي تقبل الأرثوذكس للمقولات اليهودية التقليدية والأساطير القديمة بكل "لا تاريخيتها" المتصلة بالعودة الشخصية للماشيح المخلص، وبمقولة اليهود "شعب الله المختار" الذي عليه العيش منعزلاً عن الناس لتحقيق رسالته إلى حين العودة إلى "أرض الميعاد". بينما رفضت اليهودية المحافظة بزعامة الحاخام زكريا فرانكل Zacharias Frankel (1801-1875) تغيير أو تطوير اليهودية، وأسبغت سمة المطلق على الدين و"الشعب اليهودي"، وآمنت بالقانون اليهودي الدائم التطور شريطة اتساقه مع منطق اليهودية نفسها. وعلى الرغم من عدم إيمان المحافظين بالتوراة الشفهية على طور سيناء، ورؤيتهم للتراث الديني اليهودي كضرب من الفلكلور وليس مرسلاً من عند الله تعالى، لكنهم لم يتخذوا موقفاً نقدياً منهما بوصفهما يعبران عن روح "الشعب اليهودي" وعبقريته.

ونجد أن ثمة توافقاً بين اليهودية المحافظة واليهودية الأرثوذكسية، التي تعدّ المذهب المسيطر على الحياة في "دولة إسرائيل"، يكمن في إضفاء هالة من القداسة على حياة اليهود وتاريخهم، يرجعها الأرثوذكس إلى أصول ربانية بينما يرّدها المحافظون إلى أصول قومية، إضافة إلى الإيمان بالعلاقة الوثيقة التي تربط الله تعالى بالشعب والأرض والتوراة، بتأكيد الأرثوذكس على أهمية الله والوحي، وإبراز المحافظين للشعب وتاريخه، وبينما يؤكد الأرثوذكس على أهمية المطلق، يحاول المحافظون إضفاء مسحة من العلمانية الحضارية عليه. وبينما يلغي الأرثوذكس التاريخ كله، ويصرون على ردف الدين اليهودي بالقومية، نجد إضفاء المحافظين لغلالة من التاريخية على تفكيرهم القومي، والتركيز على روح الشعب المقدسة بجعلها مصدر القداسة بدلاً من الله تعالى، واعتبار الدين اليهودي التعبير الديني عن روح "الأمة اليهودية". ويمكن القول هنا إن اليهودية المحافظة هي اليهودية التقليدية بعد أن ارتدت زياً علمانياً. وهذا هو جوهر الصهيونية، فاليهود بالنسبة إليهم غير قادرين على التكيف مع الواقع التاريخي الجديد وعليهم البقاء داخل مقدساتهم القومية، بالرغم من أن ذلك يحمل هروباً من التاريخ المحسوس إلى عالم تسيطر عليه الأساطير والمطلقات.

أ. الحركة الصهيونية:

بانحسار تيار التنوير ظهر التيار الصهيوني، تحت تأثير عدد من المفكرين والكتاب أمثال بيرتس سمولنسكين (1842-1885) Peretz Smolenskin وموزيس هس (1812-1875) Moses Hess وليون بنسكر (1821-1891) Leon Pinsker... وغيرهم[21]، الذين دعوا إلى الحل الصهيوني الذي يطالب بتحويل الهجرة إلى "أرض الميعاد" في آسيا بعيداً عن أوروبا، باعتباره الحل الأمثل لليهود. ويمكن فهم سلوك مؤسس الحركة الصهيونية ثيودور هرتزل (1860-1904) Theodore Herzl من هذا المنطلق على الرغم من تحقيقه الاندماج على مستوى شخصي، فهو كيهودي نمساوي وصحفي كان مهدداً بفقدان موقعه الطبقي الحضاري بسبب وفود آلاف اليهود من شرق أوروبا. ولكن إيمان يهود الغرب بالصهيونية لم يكن إيماناً كاملاً بل كان عملياً جزئياً؛ فالحل الصهيوني اللاعقلاني ملائم ليهود الشرق فحسب، أما بالنسبة إليهم فالحل المستنير العقلاني كان الأفضل. غير أن حركة التنوير والانعتاق أوجدت طبقة متوسطة يهودية متشربة بالثقافة اليهودية تدين بالولاء لتراثها الديني الغيبي، ولكنها في الوقت ذاته مشبعة بالأفكار السياسية والاجتماعية الغربية من قومية إلى اشتراكية، مما أفرز القيادات الصهيونية القادرة على التحرك في إطار معتقداتها الصهيونية الغيبية وإجادة استخدام المصطلحات والوسائل العلمانية.

ومن أهم نتائج حركة التنوير اليهودية، التي أدت بشكل غير مباشر إلى الإعداد الفكري للصهيونية، الهجوم على فكرة تقبل المنفى بوصفه أمراً إلهياً، منادية بكف اليهود عن الانتظار السلبي للماشيح، والحصول على الخلاص بأنفسهم. وقد أصبحت العودة عند الاندماجيين مجرد حلم أو فكرة مثالية، أما في أوساط دعاة الانفصال فباتت دعوة لعودة اليهودي بنفسه إلى "أرض الميعاد" تحت مظلة المنظمة الصهيونية العالمية أو عن طريق العنف المباشر. وقد استفادت الصهيونية من محاولات التنوير لتحديث فكرة العودة فوظفتها لصالحها عبر طرحها بشكل مغاير للشكل التقليدي مع الاحتفاظ ببعض عناصر الفكرة التقليدية، فالعودة هنا إلى التراث اليهودي وإلى المعتقدات الدينية

اليهودية عودة غير كاملة لأنهما تعرضا للتحديث على يد دعاة التنوير، فكان على الصهيونية إضفاء غلالة علمانية عقلانية على المعتقدات الغيبية الأسطورية.

لقد طرحت الصهيونية نفسها بوصفها حلاً شاملاً لـ"المسألة اليهودية" أينما وجدت، وحاولت الاستفادة من عدة عوامل بغية تحقيق أهدافها، منها شيوع مناخ فكري في أوروبا منذ القرن الـ 16 في إطار ما عُرف بـ"صهيونية الأغيار" أو "الصهيونية المسيحية" التي كانت تطالب بإعادة اليهود إلى أرضهم الأم حتى يتسنى الإسراع في هدايتهم وتحويلهم إلى المسيحية، شرطاً أساسياً لحلول العصر الألفي السعيد (ألف عام سيحكم فيها المسيح المخلص العالم ويسودها السلام والطمأنينة).

وقد انتعشت تلك الأفكار الاسترجاعية في أوروبا بين صفوف اليهود وغير اليهود، إلى أن وصلت ذروتها في القرن الـ 19، عصر الإمبريالية. وبما أن الأسطورة الدينية تتكيف مع الواقع الاقتصادي والتاريخي، فقد تحولت من مجرد فكرة دينية تؤكد على عودة اليهود إلى فلسطين بغية تحقيق النبوءة الإنجيلية، لتصبح برنامجاً استعمارياً يضمن عودة اليهود الاستيطانية لفتح الأسواق. فعلى الرغم من أن الاسترجاعيين ينظرون إلى اليهود على أنهم جماعة دينية يمكن تنصيرها، إلا أنهم في الوقت نفسه يعدّونهم مجرد جماعة يمكن توطينها في فلسطين أو في غيرها من الأماكن لخدمة المصالح الاستعمارية، فـ"الأسطورة هنا ترتدي زياً دينياً مثالياً، مع احتفاظها ببعدها السياسي"، حسب الكاتب الصهيوني البولندي ناحوم سوكولوف Nahum Sokolow (1931-1859).[22]

وقد توافق الاقتراح الصهيوني لحل المسألة اليهودية مع الصيغة الاستعمارية الأوروبية لحل مشاكل المجتمع الغربي، فيما عبّر المفكرون الصهاينة مثل هرتزل والفيلسوف الصهيوني آحاد هعام Ahad Ha'am (1927-1856) ومنظر اليسار الصهيوني دوف بير بوروخوف Dov Ber Borochov (1917-1881) وزعيم ومنظر اليمين الصهيوني فلاديمير جابوتنسكي Vladimir Jabotinsky (1940-1880) عن هذه الفلسفة الاستعمارية من خلال التفاوض على عدة أراضٍ لتحويلها

إلى "وطن يهودي"، بما فيها شبه جزيرة سيناء ومنطقة العريش وجزء من كينيا وأوغندا وجزء من قبرص والكونغو البلجيكي وموزمبيق والعراق وليبيا وفلسطين، وسورية وإكوادور ومدغشقر. فقد أدرك القادة الصهاينة أن حلم إنشاء "وطن قومي" لليهود لا يمكن أن يتحقق إلا إذا تمّ تقديمه في ضوء المصالح الاستراتيجية للعالم الغربي، وذلك حتى يتمكنوا من إيجاد الدعم الدولي لمشروعهم. من هنا يمكن أن نفهم العلاقة الوظيفية على أنها علاقة تبادلية، فالمشروع الصهيوني يخدم مشاريع الاستعمار والهيمنة الغربية في المنطقة ويضمن ضعفها وانقسامها وبقاءها مصدراً للمواد الأولية وسوقاً استهلاكياً لمنتجات الدول الغربية؛ أما القوى الغربية فتخدم المشروع الصهيوني من خلال إنشائه ودعمه وحمايته وتوفير الغطاء الدولي لعدوانه وممارساته.

ولكن، ولأن الصهيونية جوبهت بمعارضة شديدة من يهود كثيرين، تجسدت فيما بعد في أحزاب وحركات رافضة لها، كان لا بدّ للصهيونية من توظيف الدين لخدمة أهدافها، عبر استغلال اليهودية بغية إضفاء صبغة دينية على نفسها لتظهر وكأنها امتداداً لليهودية وليست نقيضاً لها، ومزج المفاهيم القومية بالدينية، ولكنها في المقابل رفضت المضامين الدينية التي تتعارض مع أهدافها السياسية، فعمدت إلى تحويل اليهود إلى "شعب" متميز بالمعنى القومي للكلمة، وحاولت تحقيق الاندماج بين الرؤية القومية والحماس الديني عن طريق تحويل العقيدة الدينية الأصلية إلى أسطورة قومية، والتأكيد على أن الدين عنصر من عناصر التعبير عن "الشعب اليهودي" وعن مظاهر شخصيته وأحد تعبيرات القومية اليهودية.

وينظر مفكرون يهود إلى الدين باعتباره المحدد غير الوحيد للإيمان، وبالتالي "يمكن للإنسان أن يكون يهودياً حتى وإن لم يعتنق اليهودية، لأن التاريخ المشترك والرباط الاجتماعي يجعلان من الشخص يهودياً حتى وإن أنكر التعاليم اليهودية"، حسب رأي المفكر الصهيوني يعقوب كلاتسكين (1882-1948) Jacob Klatzkin وذلك في إطار تفسيره للروابط التي تربط اليهود، ومعارضته للمنهج الحصري الذي يربطها بالدين فقط، وهو هنا لا ينكر على الدين اليهودي خصوصيته في إطار تأكيد

الارتباط الجماعي لهذه الفئة، اليهود، ولكنه يرجع "مقومات الوجود الصهيوني إلى البيولوجيا الإثنية وصولاً إلى موقف اعتقادي يعتبر الأرض (فلسطين – إيرتس يسرائيل Eretz Yisrael) واللغة العبرية صانعتي الأمة"[23]. ولكن المراحل التي مرّ بها المشروع الصهيوني تؤكد الترابط بين الدين والصهيونية في إطار تحقيق الدولة، وبالتالي بطلان الأسس التي جعلها الصهاينة العلمانيون مقومات للأمة اليهودية ومرتكزات للقومية اليهودية المنشودة، إضافة إلى الطبيعة الاستعمارية والعنصرية الملازمة للدعوة الصهيونية.

ب. توليفة الأرض - الشعب - التوراة:

وقد شكلت مقولة "أرض الميعاد" إحدى أهم ركائز الصهيونية المستمدة من الديانة اليهودية بعد تطويرها، فكان البعد العقيدي المرتبط بالديانة اليهودية حاضراً في الموقف الصهيوني من "الأرض" عندما وقع الاختيار على فلسطين. وبالرغم من أن فكرة العودة ليست جديدة، حيث آمن بها عامة اليهود تقريباً بزعم إعادة بناء الهيكل وإقامة مملكة سليمان تحت قيادة المسيح المنتظر، غير أن الصهيونية التفّت على ذلك المفهوم بالدعوة إلى إقامة دولة لليهود في فلسطين بوسائل سياسية وبالاعتماد على العمل اليهودي الذاتي لتسريع مجيء "المخلص".

مرّ مفهوم الأرض في الفكر الصهيوني بمراحل، فالأرض التي أقيمت عليها "الدولة" سنة 1948 كانت تسمى "الوطن القومي لليهود"، فيما أطلق على الأرض التي احتلتها "إسرائيل" سنة 1967 "الأرض المحررة" وأخيراً تسمية "إسرائيل الكبرى" بحدود غير واضحة، غير أن تلك التسميات تنطلق كلها من الإيمان بفلسطين "أرض للميعاد". ويرتبط بذلك مفهوم الصهيونية "للشعب" الذي أسبغت عليه أيضاً بعداً دينياً، بالرغم من الإشكالية التي ما تزال قائمة حتى اليوم حول تعريف من هو اليهودي، في ظلّ مطالبة أرثوذكسية بالأخذ بتعريف اليهودي الذي ولد من أم يهودية أو تهودّ على يد أحد حاخاماتها، مقابل إصرار اليهودية الإصلاحية على الاعتراف بيهودية من تهودّ

على يد حاخاماتها، بينما ثمة تعريف عرقي يتحدث عن "الجنس اليهودي" المتميز، غير أنها مقولات لم تعد مقبولة اليوم. ومن ذلك، حاولت الصهيونية التوليف بين العنصر الديني اليهودي، بما في ذلك العلاقة بفلسطين "الأرض المقدسة" وبـ"الشعب اليهودي"، والعنصر العلماني، بما يدعم مطالبة الصهيونيين بفلسطين من ناحية، وبما يسمح بممارسة العقائد والطقوس اليهودية التقليدية من ناحية أخرى وبترجمتها إلى اصطلاحات قومية علمانية.

وقد نظرت الصهيونية العلمانية إلى اليهودية باعتبارها "فلكلور الشعب اليهودي المقدس" الذي لا يمكن أن تخضع قيمه لأي نقاش أو تساؤل، ففكرة العهد بين الله تعالى و"الشعب" الذي مُنح "أرض فلسطين المقدسة"، كانت بمثابة "أسطورة شعبية" بالنسبة للصهيونية ارتكازاً إلى اعتبار الدين اليهودي تعبيراً عن الإجماع، الأمر الذي يجد حضوره البارز في إعلان قيام الدولة بالنص على أن "أرض إسرائيل" مهد "الشعب اليهودي"، ففيها "تكونت شخصيته الروحية والدينية والسياسية، وفيها أقام للمرة الأولى وعاش حياة استقلال رسمية، وأنتج قيماً حضارية ذات مغزى قومي وإنساني جامع، وأورث العالم كتاب الكتب الخالد"، ويُعرِّف "إسرائيل" على أنها "دولة يهودية وديموقراطية تهدف إلى تجميع اليهود من المنفى وتدأب على تطوير البلاد لصالح سكانها جميعاً، وترتكز على الحرية والعدل والسلام وإقامة المساواة بين مواطنيها، مستهدية بنبوءات أنبياء إسرائيل"[24]، وفق ما ورد في الموسوعة اليهودية.

وهكذا فإن هذه الرؤية لم تكن بحاجة إلى العلاقة التقليدية بـ"الأرض المقدسة"، ولم تستند بشكل مباشر إلى "الوعد الإلهي"، كما لم تربط الخلاص بمجيء المسيح، بل حاولت الالتفاف عليه بالدعوة إلى العودة وعدم انتظاره للتعجيل من قدومه، وجعلت التعبير الديني مجرد تجسيد واحد للوجود اليهودي القومي، وركزت على المراحل والفترات والأحداث المرتبطة بالتاريخ اليهودي التي تشغل حيزاً في الأدب اليهودي الديني. وعلى هذا الأساس استطاعت الحركة الصهيونية، وبالرغم من اتساع رقعة التنوعات الفكرية داخلها، الوصول إلى لغة مشتركة بين العلمانيين والمتدينين.

ولكن الصهيونية، التي كانت تنظر إلى نفسها مكمن إحلال لليهودية، حاولت التركيز على الدين اليهودي كمسهِم في بلورة الروح القومية لـ"الشعب اليهودي"، وأداة ووسيلة لتقوية الشعور الجماعي. فكان من دوافع اختيار فلسطين موقعاً للاستيطان قوة الأسطورة التي تجمع اليهود، كما كان لا بدّ لها من العودة إلى التراث اليهودي القديم وإلى المطلق الديني، بمزج المفاهيم القومية بالمفاهيم الدينية، دون خلع الإطلاق الديني على الرموز القومية، وإنما استقاء رموزها وأفكارها القومية من التراث الديني ثم إفراغها من محتواها الروحي والأخلاقي ونقلها من مجالها الديني، حيث تجد شرعيتها الوحيدة، إلى المجال السياسي لإخراج صيغ شبه دينية للمشروع والبرنامج الصهيوني، فعملية الخلط بين المجالين الديني والسياسي تكاد تكون مسألة حتمية للصهيونية، بغية جذب اليهود إليها، بخاصة عميقي الإيمان بالدين من قاطني شرق أوروبا.

ولكن ثمة خلط صهيوني لمفهوم الأمة عند تصوير "الشعب اليهودي أمة تحمل وحياً دينياً وطائفة دينية تمّ اختيارها من الرب كما الأرض، حيث لم تأتِ للوجود من خلال تطور تاريخي وإنما عبر تدخل إلهي مباشر"[25] حسب تعريف المفكر الصهيوني مارتن بوبر Martin Buber، بما يتعاكس مع مفهوم الأمة باعتبارها "جماعة من الناس مستقرة تكونت تاريخياً وتشكلت على أساس الاشتراك في اللغة والأرض والحياة الاقتصادية والثقافة ورغبة العيش المشترك، أي أن عوامل تكوينها تتمثل في اللغة والأصل المشترك والشعور بالانتماء والوعي بوجود الأمة كقومية"[26].

بينما ينسج هرتزل تعريفاً مغايراً لـ"الأمة اليهودية" عندما يصفها بـ"جماعة تاريخية من الناس تتمتع بتماسك ظاهر للعيان يشدها عدو مشترك يتمثل في العداء للسامية"[27]، ونلاحظ هنا أن مفهومه للقومية يخلو من كافة عناصر القومية التي تورد في تعريف الأمة وكأنه يعتمد مفهوماً خاصاً به وبجماعته، فيما يجد الدين المشترك، كأحد عناصر تشكل القومية (الذي يفترض أن أية قومية بالعالم لم تستوعب تعدد الأديان بين أتباعها) اختلافاً في اليهودية، فلا يوجد مسيحي يهودي أو مسلم يهودي مثلما يوجد مسيحيون عرب أو ألمان مسلمون.

وحتى اللغة ليست مشتركة، إذ يتحدث عناصر الجماعات اليهودية لغة المجتمعات التي يعيشون بها إضافة إلى العبرية في "إسرائيل"، بينما تعدّ مراحل التاريخ المشترك في مفهوم اليهودية قصيرة بالنسبة لتاريخ اليهودية بشكل عام، فيما تنحصر الرغبة في العيش المشترك في فئات قليلة نسبياً، فمن لبى النداء أقل من ثلث يهود العالم، مما يجعل مفهوم القومية لا ينطبق على اليهودية، باعتبارها ديانة وليست قومية. غير أن مفهوم "الأمة اليهودية" اكتسب بعداً دينياً، ينبثق من رؤية العهد القديم للإله باعتباره "إله إسرائيل" وليس العالمين؛ وبالتالي يكتسب المقدس هنا طابعاً قومياً، بينما يكتسب المطلق بعداً نسبياً. ولكن الصهيونية خلعت القداسة الدينية التي أضفيت على "الشعب اليهودي"، بالمعنى العرقي والإثني. ولأن "الشعب قد حلّ فيه الإله"، بحسبهم، فإن كل شيء يهودي قومي تحيط به هالة من القداسة. وبالتالي تصبح حركة الكيبوتسات Kibbutz واليشيفوت Yeshivot، و"انتصارات" الجيش مسألة لاهوتية يتدخل فيها الإله. وإذا كانت بنية الفكر تدور حول مطلق "الأمة" والكيان القومي، فان أي محتوى فكري آخر سيكتسب بعداً قومياً.

وعلى الرغم من أن مفهوم "الأمة" يشكل أهم المطلقات الصهيونية، ولكنه ليس المطلق الوحيد، فالسمة الأساسية لبنية الفكر الصهيوني ليست تبنيها لفكرة أو لأخرى على أنها مطلق، وإنما اتجاهها نحو الخلط أو المزج بين المقدس والنسبي وإلى خلع القداسة على كل الظواهر اليهودية القومية، ولعل الإيمان بارتباط القومي بالمقدس والمطلق (الدين) بالنسبي (المكان) هو الموضوعة الأساسية في الفكر الصهيوني وخاصية تميز بنيته. وهذا الأمر يشخص بجلاء في موقف الصهيونية من التاريخ الذي يسير، بالنسبة إليها، في تطور خط مستقيم يتجه نحو أعلى هدف وغاية وليس في شكل دائري هندسي يتحرك حول نفسه دون غاية.

وبحسب التصور اليهودي القديم، فإن تاريخ اليهود مقدس يعبر عن الإرادة الربانية، كما أنه يتسم بالاستمرارية التي تتجسد في "إسرائيل"، ف"إسرائيل" بالمعنى الديني هي نفسها "إسرائيل الشعب" بالمعنى العرقي وهي نفسها "إسرائيل الدولة"

58

بالمعنى السياسي، وكلها تجليات لنفس الجوهر الذي لا يتغير، كما أن إسباغ مجتمع المستوطنين الصهاينة قبل سنة 1948 بمصطلح "اليشوف" أو "المستوطن الجديد"، يعبر عن ذات المفهوم، لأن الاستيطان الاستعماري الجديد ما هو إلا استمرار للاستيطان لأهداف دينية، والذي أطلق عليه "اليشوف القديم". ولعل استخدام كلمة التاريخ هنا إشارة إلى العهد القديم أو إلى تراثهم الديني المكتوب منه والشفهي، فتصبح الحدود التاريخية هي الحدود المقدسة المنصوص عليها في العهد القديم من "نهر مصر إلى الفرات"، والحقوق التاريخية هي أيضاً الحقوق المقدسة التي وردت في العهد القديم والتي تؤكد على أنهم "شعب مقدس مختار" له حقوق تستمد شرعيتها من العهد الإلهي الذي قطعه الله على نفسه لإبراهيم عليه السلام.

كما استفادت الصهيونية من النصوص التوراتية والتلمودية التي تحمل سمات العنف والقوة. ولكن يوجد في اليهودية تيار سلمي، وبالتالي يمكن أن نتحدث عن نزعتين كامنتين في اليهودية واحدة تتجه إلى العنف والأخرى تميل نحو السلم، وقد حاولت الصهيونية الاستفادة من التيار الأول قدر تأثرها بالتيار القومي، والفكر الإمبريالي والفلسفات النيتشوية نسبة إلى الفيلسوف الألماني فريدريك نيتشه Friedrich Nietzsche، والداروينية نسبة إلى تشارلز داروين Charles Darwin، والعرقية المختلفة التي كانت سائدة في أوروبا، فتبنت كثيراً من مواقفها وطروحاتها.

ج. اليهودية والصهيونية:

إن مقاربة موقف اليهودية من السياسة عموماً، ومن الصهيونية خصوصاً، يقود إلى جملة إشكاليات ما تزال عالقة دونما حسم في الكيان الإسرائيلي كقضية خلافية تخضع للجدل والتجاذب وفي أحيان كثيرة للمساومة، بين المتدينين أنفسهم وبينهم وبين العلمانيين، على الرغم من انقضاء أكثر من مئة سنة على وجود مشروع الكيان الصهيوني في الأراضي الفلسطينية المحتلة. وتطال تلك الإشكاليات المتداخلة هوية الدولة ما بين الدولة العلمانية والدولة الثيوقراطية (الدينية) التي تسعى الحركات

الدينية السياسية داخل الكيان الإسرائيلي إلى تأسيسها وفق الهالاخاه (الشريعة اليهودية)، وتعريف من هو اليهودي، كامتداد لإشكالية العلاقة بين الدين والدولة، وبالتالي بين المتدينين والعلمانيين، في إطار ما وصفها الكاتب الإسرائيلي كلود كلاين Claude Klein بـ"حرب ثقافات فعلية تشي بالمأزق المزدوج والمتناقض الذي يعتري الداخل الإسرائيلي بين نموذج ديني يهودي وحركة واسعة من العلمنة آخذة بالتنامي"[28]، غير أن هذا الصراع سرعان "ما يخبو عند تعرض أمن الدولة إلى الخطر الخارجي"[29].

وقد عبّرت تلك الإشكالية عن نفسها منذ ما قبل تأسيس الدولة سنة 1948 برفض الاتجاه الديني اليهودي، وتحديداً اليهودية الأرثوذكسية، للصهيونية لأنها تحوّل اليهودية من دين متميز إلى "أمة كباقي الأمم"، وتهدف إلى إقامة دولة يهودية ذات طابع علماني، بينما تناط مهمة إقامة الدولة اليهودية إلى الله خارج التاريخ وبعد نهايته وليس إلى اليهود في الدنيا، وهو ما يعرف بالمسيانية أو المشيحانية التي تقوم على مفهوم أن الخلاص والعودة إلى صهيون لا تكون إلا بمعجزة ربانية بانتظار المسيح المخلص، وبالتالي فإن "إسرائيل" عند بعضهم، خاصة الحريديم المتشددين الرافضين للصهيونية، لا علاقة لها بالخلاص لمخالفتها للوعد الإلهي بعدم الاستيلاء على الأرض المقدسة بجهود بشرية. وقد ذهب الحاخام الأكبر لليهود السفارديم Sephardim، إلياهو بكشي دورون Eliyahu Bakshi Doron، إلى حدّ المطالبة بفصل الدين عن السياسة، بسبب قلقه من "ارتفاع أصوات التطرف، ولتعزيز اقتناع العامة بأن اليهودية غير سياسية وغير متطرفة"، معارضاً في ذلك، بصفته أعلى مرجع ديني سيفاردي، "نهج تسييس الدين الذي قاده الحزب الديني شاس"[30].

في المقابل، انتقدت الصهيونية الإنطوائية صوفية الدين والانتظار السلبي لمجيء المسيح، كما رفضت سيادة المنطق الديني وقوانين الشريعة اليهودية والتدخل الأرثوذكسي في شؤون الدولة اليهودية المنوي إقامتها، ونظرت إلى اليهود بـ"عدائية مستمدة من أدبيات معاداة السامية، أي معاداة اليهود، إضافة إلى رفضها العقيدة

اليهودية ومحاولة علمنتها من الداخل"[31]. وتزخر الكتابات الصهيونية بالحديث عن الشخصية اليهودية المريضة والهامشية وغير المنتجة، فيما أطلق القادة الصهاينة العلمانيون أبشع النعوت على اليهودي باعتباره "كائناً عضوياً ضاراً"، وقد استفادت الصهيونية من النقد الذي كان يوجه إلى السلوك اليهودي، بنعته مرابياً ومحتالاً وجشعاً...، والذي كان شائعاً في البيئة الغربية تحديداً، فوظفته مبرراً لدعوتها الصهيونية بعد أن كانت "تطمس الأسباب الحقيقية الكامنة وراء نقد ذلك السلوك، من خلال ربطه بالأسباب العنصرية وليس بالمواقف التقييمية"[32].

لقد عمدت الصهيونية، الرافضة للدين والمستغلة له في آنٍ معاً، إلى استعارة الرموز الدينية لصياغة العبارات العنصرية مثل "شعب الله المختار" و"العرق النقي" و"أرض الميعاد"، لتقديم الشرعية التاريخية الوحيدة لحقوق اليهود على "أرض إسرائيل"، ولتوظيف أهدافها الاستعمارية الاستيطانية في فلسطين، ولتبرير الدفاعات الأيديولوجية للسياسات الإسرائيلية التي تقوم عادة على المعتقدات الدينية اليهودية، أو كما في حالة اليهود العلمانيين، على الحقوق التاريخية لليهود المستمدة من هذه المعتقدات نفسها والتي تحتفظ بالطابع العقائدي للإيمان الديني.

وعلى الرغم من أن الصهيونية دفعت منذ البداية إلى إقامة دولة علمانية تكون بمثابة بوتقة الصهر للتمايزات الموجودة داخل الكيان الإسرائيلي، مع التخلص من التطابق التام بين الانتماء الديني والانتماء القومي للأمة التي يراد تأسيسها بإقامة الدولة، على أن يتم "حصر الدين في الإطار الكنسي دون التدخل في إدارة الدولة" بحسب تعبير هرتزل[33]، إلا أن التطابق التام بين الأمة والدين في حالة الصهيونية منع أية إمكانية لفصل الدين عن الدولة، فالدين غير منفصل مؤسسياً عن الدولة. كما تمّ تحزيب الدين بتبني قوى اجتماعية مختلفة الأيدولوجيا الدينية مصدراً لشرعيتها ولاحتلال مراكز نفوذ بعدما بات يلاحظ في الآونة الأخيرة تنامي دور المتدينين في "إسرائيل"، ممثلين في الأحزاب الدينية التي تشكل بصفة عامة القوة الثالثة في الحياة السياسية بعد قطبي اليمين واليسار. وتستغل القوى والحركات الدينية السياسية ثقلها في الحياة السياسية

والعامة من أجل تحقيق مصالحها وتنفيذ مطالبها، دون أن تتمايز أهدافها ونظرتها، تجاه العديد من القضايا بخاصة فيما يتعلق بالاستيطان وضمّ الأراضي وبقضيتي القدس وحقّ عودة اللاجئين الفلسطينيين، كثيراً مع الأحزاب الأخرى أو مع السياسة المحركة لـ"دولة إسرائيل".

غير أن الصهيونية في محاولة منها لجبّ الإشكاليات القائمة بين الدين والدولة التي أثيرت عند تأسيس "الدولة" سنة 1948، سعت إلى توليف صياغة توافقية تؤطر العلاقة بينهما، ما تزال سارية، وتتمثل في اتفاقية الوضع الراهن status quo التي جرى توقيعها سنة 1947 حينما أرسل رئيس إدارة الوكالة اليهودية آنذاك ديفيد بن جوريون David Ben Gurion، أول رئيس وزراء إسرائيلي، خطاباً إلى حزب "أغودات إسرائيل" –وهو حزب ديني أرثوذكسي متطرف لا يعترف بالحركة الصهيونية مثل ناطوري كارتا والحريدية، ولكنه يشارك في هياكلها التنظيمية ومخرجاتها المؤسسية– يتعهد فيها بالاستجابة إلى مطالب المتدينين في الجوانب المتعلقة براحة يوم السبت، وضمان اتخاذ التدابير اللازمة لضمان طعام الكوشير (الطعام المذبوح والمعد وفق التعاليم اليهودية)، ووضع الصلاحيات المطلقة في مجال شؤون الزواج والطلاق بيد مؤسسة القضاء الحاخامية والاعتراف بمنظومة التعليم الديني المستقل ذاتياً، من دون أن تلغي التمايزات الحادة القائمة حتى اليوم.

ثانياً: توظيف الدين في المشروع الصهيوني في فلسطين المحتلة:

لقد لجأت الصهيونية إلى توظيف الدين لتحقيق أهدافها الاستعمارية الاستيطانية في فلسطين المحتلة، مستفيدة من نصوص منتقاة في التوراة والتلمود والقبالاه والتعاليم الدينية اليهودية "الهالاخاه" حتى تجد استقطاباً عند اليهود، ويتمثل أبرز مظاهر ذلك التوظيف الفكري والعملي في التالي:

1. توظيف الدين فكرياً في المشروع الصهيوني في فلسطين المحتلة:

عمدت الصهيونية إلى استخدام الدين لخدمة مشروعها في فلسطين من خلال ما يلي:

أ. الاختيار الإلهي لـ"الشعب اليهودي":

لأن المقولات العرقية التي تقوّلت بها الصهيونية بداية، لم تعد مقبولة في ظلّ غياب تفسيرات منطقية وموضوعية لها ولتعارضها مع التوجهات الإنسانية والفكرية السائدة، فقد ركزت الصهيونية على مفاهيم "الاختيار الإلهي للشعب اليهودي" بما تحمله من معانٍ عنصرية تستبعد الآخر وترفضه، فنشطت مقولات خصوصية عن تفرد "الأمة اليهودية الواحدة والمتجانسة"، متجاوزة لواقع التشتت وعدم الاتساق بين المجموعات اليهودية المتفرقة في أصقاع العالم. ويرتبط مفهوم "الاختيار" بزعم "الحتمية" التي تجد تأصيلاتها عند الصهيونية بالمسار الخطي للتاريخ اليهودي، وبمشروعها الاستيطاني الاستعماري في فلسطين بوصفها ساحة الديموقراطية في الشرق الأوسط وجزءاً من المشروع الغربي، مع إسباغها بالبعد الديني، بما يحمل من تناقض صريح مع الممارسات العدوانية العنصرية في الأرض المحتلة.

ويربط الصهاينة بين "رسالة اليهود الحضارية" والعودة إلى فلسطين، وهم بذلك يؤكدون على أمرين؛ أنهم سيجلبون التقدم والتحضر إلى فلسطين، وأن ممارسة هذه الرسالة الحضارية لن تكون إلا في "الأرض الموعودة". وتنبثق من تلك المقولات فكرة البقاء للأصلح والأقوى والانتخاب الطبيعي، فثمة ربط صهيوني بين خصوصية اليهودي لكونه "الشعب المختار" وقدرته على البقاء، كما يتراءى في مقولة الصهيوني مارتن بوبر التي يمزج فيها بين المفهومين بإضفاء سمة "الاختيار الإلهي" على "الشعب والأرض في إسرائيل بعد سلسلة من أعمال الاختيار والانتخاب"[34].

وتحمل تلك المقولات النظرة الصهيونية لتدني الفلسطيني العربي التي تدرجت خلال فواصل زمنية محددة، إذ قبل سنة 1948، ومن بعد مقولة "شعب بلا أرض

لأرض بلا شعب" التي اصطدمت بوجود المجتمع الفلسطيني في الأرض المحتلة وبالمقاومة بما تطلب تغيير الخريطة الإدراكية الصهيونية، أناطت الصهيونية باليهود مهمة "المخلص" لرجعية وانحطاط الشعب العربي الفلسطيني، فساد الاعتقاد بأن قيام دولة صهيونية في فلسطين يسهم في مواجهة الروح الوحشية للذين يعيشون فيها ويقطنون الصحراء، على غرار ما ذكره بن جوريون من أن "صحراء بلادنا تنادينا لاستثمار الأراضي البور"[35]، مختزلين الصراع العربي – الصهيوني في مشكلة لاجئين ليست "إسرائيل" معنية بها، فيما أدرجت الصهيونية العرب في أعقاب سنة 1967 حتى اليوم ضمن مرتبة أدنى من اليهود في سلم التطور الإنساني لتأكيد عجزهم التقني وعدم قدرتهم على اللحاق بركب الحضارة العالمية، التي تعدّ "إسرائيل" نفسها بتفوقها العلمي والديموقراطي جزءاً منها. وتتبين نزعة رفض العربي، في إحدى مظاهرها، في الموسوعة اليهودية التي تشير إلى العرب ضمن ثلاث مواد مقتضبة، غير مستقلة، عند "التطرق للجزيرة العربية، فيتم التداخل بين اليهود والعرب وبين التاريخ والأديان والحضارة والصحراء والتجارة وبين المراحل الزمنية المختلفة حتى يتولد الانطباع بأن الأرض سكنها اليهود والعرب على حد سواء، فيما غاب عن عناوينها ومتنها ما يدل على أن للعرب آداباً وثقافة وفلسفة عربية إسلامية"[36].

ب. "أرض الميعاد":

ثمة ربط صهيوني بين مقولتي "الشعب المختار" و"أرض الميعاد" لتسويغ عودة اليهود إلى "أرضهم الموعودة في فلسطين". ويعدّ مفهوم "أرض الميعاد" أو "صهيون" مفهوم ديني، فهو المكان الذي اختاره الرب واصطفاه لـ"شعبه المختار" بغرض السكن فيه. وينبثق من ذلك اعتبار الاستيطان في صهيون من "المتسفوت" Mitzvot أي "واجب ديني مقدس فرضه الإله على اليهود"، ولهذا فهو ارتباط ديني قام به اليهود عبر التاريخ، وفقاً لذلك المعتقد. ولكن "الأرض المقدسة" لم ترتبط عند جلّ دعاة الصهيونية بهذا المعنى الديني، فصهيون عند هرتزل مجرد فرصة للاستيطان والاستثمار، بينما لم يهتم ليون بنسكر كثيراً بموقع المنطقة المختارة للاستيطان، فالهدف عنده لا

يكمن في الحصول على "الأرض المقدسة" وإنما في موقعها ومدى انتاجيتها، اللذين يتحددان من خلال "تقييم لجنة خبراء توازن بين بدائل الاختيار المتاحة"[37]، وبالتالي فهما يطالبان بالأرض الدنيوية وليس بـ"أرض إسرائيل التاريخية"، وبـ"الخلاص الدنيوي القومي.

في المقابل ينظر المتدينون إلى الأرض المقدسة على أنها خلاص ديني روحي سيتحقق حينما يرسل الرب مسيحه المخلص إلى "أرض إسرائيل" ليحكم بالتوراة ويقيم "مملكة إسرائيل". ويعد مشروع شرق أفريقيا أوغندا الذي قبله هرتزل وماكس نورداو Max Nordau وأعضاء ممثلون للمستوطنين الصهاينة في فلسطين، ولم يرفضه المؤتمر الصهيوني السادس سنة 1903، مثالاً على ذلك، فـ"صهيون" مكان يمكن أن يستبدل بأي مكان آخر، وقد كانت "قابلية الإحلال" المبدأ الرئيس الذي دعا إليه إسرائيل زانجويل Israel Zangwill. غير أن الصهيونية اتجهت إلى الدين لاكتساب الشرعية وتوحيد صفوف اليهود، وتصوير نفسها كما لو كانت امتداداً لليهودية وليست نقيضاً لها، فيما اتجه ما يسمى بـ"الرواد" أي "الحالوتس" Halutziut وفق الأدبيات الصهيونية، إلى الدين اليهودي بغية الحصول على رموزه وأفكاره وأعياده، حيث شكل التراث الديني معيناً لا ينضب أمام مفكري الصهاينة في إيجاد الرموز والأعياد والأساطير التي قامت في "دولة إسرائيل" فيما بعد وأضحت رموزاً وأعياداً وأساطير قومية.

وينبثق هنا مفهوم "الاستعادة" عند الصهيونية أي "استعادة أرض الميعاد" بعد إحاطتها بهالة من نصوص التوراة والتلمود لتبرير سياسة التوسع والاحتلال للأرض. فبالرغم من أن مناقشة القادة الصهاينة لـ"المسألة اليهودية" تمت في إطار نظرية النفعية، أي في الإطار العلماني العقلاني المادي من منطلق مدى نفعهم للمجتمعات التي يوجدون فيها، إلا أنها استبدلت فيما بعد بفكرة العقيدة الاسترجاعية التي ترهن الخلاص بعودة اليهود إلى فلسطين، والتي ارتبطت بمفهوم الاستعادة الذي تؤكد عليه النصوص التوراتية، فبما أن الأرض الفلسطينية كانت "يهودية" أصلاً ثم اُغتصبت

منهم، فإن عملية استيطانها تشكل استعادة لأرض كانت ملكاً لليهود، وقد استندت الصهيونية إلى هذا الزعم لاستكمال دعاوى علاقة اليهود القديمة تاريخياً بفلسطين، ولتحقيق الهدف الاستراتيجي الصهيوني الكامن في توسيع رقعة الأراضي الفلسطينية المغتصبة سواء بالشراء أو بالاستيلاء على ما يُطلق عليه بأملاك الغائبين أو المصادرة بزعم أهمية الأرض لأغراض الدفاع والأمن. وقد وجدت تلك المقولات طريقها للتنفيذ عبر النشاط الاستيطاني الذي يشكل عند مؤسس الصهيونية الدينية زفي هيرش كاليشر Tsevi Hirsch Kalischer "الدعامة الرئيسية لامتلاك الأرض المقدسة وفق نبوءة الأنبياء"[38]، وتسهيل هجرة اليهود إليها.

ج. فكرة "الخلاص" والالتفاف حول "الماشيحانية":

من مكامن الربط بين الأرض والشعب المقدسين أو بين "التربة والدم"، تنبثق مقولة الصهيونية بتجسيد "دولة إسرائيل" لإرادة الله وغرس فكرة الماشيح المخلص في أذهان ونفوس الجماعات اليهودية في العالم بتأجيج إحساسهم بالاضطهاد وافتقاد الشعور بالانتماء إلى مجتمعاتهم ليكمن خلاصهم في الهجرة إلى "إسرائيل". وتتواتر فكرة الخلاص على ألسنة الصهاينة الذين يعزون إليها أمر التعلق بالأرض وإصرار العودة إليها من خلال الغزو والاستيطان والمشاركة في تكثير العرق اليهودي، استشهاداً بسفر التكوين الذي نصّ بأن "الله على صورته عمل الإنسان فأثمروا في الأرض وتكاثروا فيها"[39]، بينما رهن جابوتنسكي "خلاص الشعب اليهودي بأرض إسرائيل لحقوقه التاريخية فيها"[40]، وفق زعمه.

غير أن الخطاب الصهيوني الموجه إلى اليهود، بخاصة المتدينين منهم، شابه التفاف على المطالبة "الماشيحانية" التي يتنادى بها تيار ديني يربط العودة إلى "أرض الميعاد" بظهور المسيح، فقامت الصهيونية، بالتعاون مع الصهيونية الدينية، بتغليف مفهومي "الحق" و"الواجب المقدس" بذات الدعوى بعد قلب مضمونها بحيث بات من الواجب انتظار المسيح من داخل فلسطين وليس من خارجها، فتم تحوير مسار التاريخ المقدس بالنسبة للمتدينين من النفي والانتظار ومن ثم العودة بعد مجيء

المسيح إلى مسار النفي ومن ثم العودة انتظاراً للمسيح من داخل فلسطين وليس من خارجها، لتعجيل ظهوره.

د. تعميق فكرة "الجيتو" دينياً:

سعت الصهيونية إلى ترسيخ فكرة "الجيتو" دينياً، وربط معاناة اليهود خلال مفاصل تاريخية سابقة بقدرته على البقاء والصمود انتظاراً للعودة إلى "أرض إسرائيل"، عبر تحويل روح التكتل الطائفي الديني للأقليات اليهودية المبعثرة بين الدول إلى أيديولوجية سياسية تُوظِّف الدين وتهدف إلى تأسيس "وطن قومي" ودولة يهودية. كما كرست الصهيونية فكرة الجيتو الانغلاقية جسدياً ونفسياً بالتقوقع داخل جدرانه بزعم "تعميق نقائه وقوته"، ولكونه "جزء من القوانين والأنظمة الدينية ومن التربية التوراتية"[41] وفق يعقوب كلاتسكين، وهو من أشد الداعين للانغلاق.

وبالرغم من أن الأعراف الاجتماعية والقوانين في المجتمعات التي عاش فيها اليهود، غالباً ما عدّتهم مواطنين فيها لهم حقوق المواطنة، إلا أن اليهود كانوا دوماً يرفضون الاندماج والتفاعل معها لكونه يُقوّض من تفوقهم ويحدّ من تميزهم. وقد اتخذت الصهيونية من ذلك ذريعة لدعوة الهجرة والاستيطان في أرض فلسطين لحل "المسألة اليهودية"، تزامناً مع ممارسة شتى الأساليب بالتعاون بين المنظمة الصهيونية العالمية وبعض الجهات والأنظمة، على غرار ما حدث أثناء الحكم النازي، في إطار توظيف "الهولوكوست" Holocaust، أي الإبادة النازية لليهود، على الرغم من أن "الحل النهائي لليهود هنا لم يكمن في الاستئصال والإبادة وإنما في التهجير" وفق آراء متعددة[42]، في ضوء تقديرات بـ "تهجير حوالي 300 ألف يهودي" خلال الحكم النازي[43].

كما كرست الصهيونية نظرة الأغيار العدائية والاضطهادية تجاه اليهود، حيث أسهمت مناهضة السامية في انبثاق الصهيونية وتطورها، إذ لم يكن هرتزل يستطيع التجول بأفكار حركته بين صفوف اليهود دون الارتكاز على قاعدة اللاسامية، لإدراكه نزعة التفوق عند اليهود مع شعورهم بالإذلال والاضطهاد. وقد استفادت

الصهيونية من النقد السلبي الموجه للسلوك اليهودي الذي كان شائعاً في البيئة الغربية تحديداً، فوظفته مبرراً لدعوتها بعد طمس الأسباب الحقيقية الكامنة وراءه، عبر ربطه بالأسباب العنصرية وليس بالمواقف التقييمية. وقد استتبع الانغلاق بمنع الاختلاط والزواج من الآخرين، بخاصة العرب منهم، استناداً إلى تحريم وارد في الشريعة اليهودية، تأطر فيما بعد بـ"قانون صدر عام 1953 بمنح المحاكم الدينية ولاية قضائية في الأحوال الشخصية"[44]، وفق ما ورد في الموسوعة اليهودية.

وذهبت دعوات الانغلاق ببعض القادة الصهاينة، مثل جابوتنسكي ومن بعده شامير وشارون، بالمطالبة بجدار حديدي لـ"حماية اليهود من العداء العربي المحكم ضدهم"، فيما نادى آخرون مثل باراك، بسياسة الفصل عن الفلسطينيين. وقد وجدت تلك المقولات طريقها إلى النفاذ مع قدوم أوائل المستوطنين إلى فلسطين، أو كما تطلق عليهم الصهيونية "الرواد"، عبر "تهويد الأرض والسوق والعمل لضمان زراعة الوطن اليهودي بأيديهم فقط"، وفق الصهيوني وولتر لاكير Walter Laqueur[45]، فيما خيّمت قوانين الحاجز اللوني على مجتمع اليشوف في فلسطين من خلال تقسيم الأعمال إلى عليا ووسطى تعتمد على طهارة اليد اليهودية، ودنيا ظلت منحصرة بين الأيدي العاملة العربية. وقد استمرت فيما بعد مع قيام "الدولة"، وصولاً إلى اليوم ضمن مظاهر شتى تطال مختلف الجوانب الحياتية، مع تأطيرها تشريعياً بقوانين عنصرية. وتتجلى الرؤية ذاتها اليوم في استمرار سلطات الاحتلال الإسرائيلي ببناء جدار الفصل العنصري على الرغم من قرار محكمة العدل العليا الصادر في تموز/ يوليو سنة 2004 بهدمه وتعويض الفلسطينيين المتضررين منه.

2. توظيف الدين عملياً في المشروع الصهيوني في فلسطين المحتلة:

شكلت المنطلقات الفكرية والثقافية الصهيونية مجتمعة أسس المؤتمر الصهيوني الأول الذي عقد في مدينة بال (بازل) Basel سنة 1897، محدداً آليات الهجرة والتوطين في فلسطين المحتلة، وسبل دعم الدول الاستعمارية، فتأسست المنظمة الصهيونية العالمية كسلطة عليا للحركة، وأنشئ المصرف الاستعماري اليهودي سنة 1898، والصندوق

القومي اليهودي سنة 1901، الذي ارتكب، ومن ثم الوكالة اليهودية التي تأسست سنة 1921، شتى صنوف الأساليب والوسائل للسيطرة والاستيلاء على الأراضي، بغرض تنفيذ المشروع الصهيوني عبر نقل يهود من مجتمعاتهم إلى بلد يتخذونه وطناً لهم، وطرد السكان الأصليين لتوطين عنصر جديد محلهم، والاستيلاء على الأرض، وقمع مقاومة مواطنيها. وقد ظهرت اتجاهات وأحزاب صهيونية متعددة لا تمايزات بنيوية أساسية بينها، فبالرغم من تصنيفها إلى يسارية ويمينية ودينية استناداً إلى منطلقاتها الأيديولوجية، إلا أنه من الصعب القطع بحدود فاصلة بينها في ظلّ اشتراكها بأيديولوجية صهيونية وهدف واحد تمثل قبل سنة 1948 في إقامة دولة يهودية في فلسطين، ومن ثم الحفاظ على أمنها وبقائها وعلى طابعها اليهودي، مع استمرار الاستيطان ورفض حقّ العودة وتقسيم القدس.

وتتمثل أبرز مظاهر توظيف الدين عملياً في المشروع الصهيوني في فلسطين المحتلة في التالي:

أ. إضفاء البعد الديني على الهجرة والاستيطان:

انعكست الرؤية الصهيونية في المصطلحات الدينية للتمييز بين أشكال الهجرة المختلفة، فجرى إضفاء السمة الدينية على ما يسمى "الرواد" أي "الحالوتس" أو "طلائع العائدين" إلى "أرض إسرائيل"، تحت مسمى "عالياه" Aliyah أو الصعود، فيما يعدّ نزوح اليهودي منها انحلالاً لارتكابه "اليريداه" Yordim، أو النكوص والارتداد. وإذا بدّل أحد اليهود رأيه أثناء هجرته إليها فإن المصطلح المستخدم هو "النشيراه" Nasherah أي قطع الصعود أو الابتعاد وهو أقل سوءاً من سابقه لأن قدما اليهودي لم تطآ الأرض المقدسة بعد. وفي المقابل حينما يقرر غير اليهودي النزوح إلى "إسرائيل" فإن صعوده لا يعد مقدساً بل هو مجرد "لهيش تاكيا" Lahish Takia أي إقامة تخلو من أية هالة دينية حولها. وتحمل تلك الألفاظ دلالة دينية تعدّ الهجرة المعاكسة من "أرض إسرائيل" بمثابة خيانة للمبادئ الصهيونية وخروجاً على نصوص التوراة والتلمود، وانهياراً أخلاقياً.

وتشمل عمليات النزوح أو التساقط اليهود الذين قدموا من شتى أنحاء العالم إلى فلسطين، واليهود المولودين في "إسرائيل"، جيل الصابرا، ومن هؤلاء النازحين من يعلن صراحة عن عزمه الهجرة بشكل نهائي، ومنهم من لا يصرح بذلك[46]. غير أن ما تسميه "إسرائيل" بـ"الهجرة المعاكسة" يشكل مصدر قلق بالغ لدى ساسة الدولة اليوم، في ضوء معطيات الهجرة التي بلغت منذ ما قبل سنة 1948 حتى نهاية سنة 2009 حوالي 3.5 ملايين مهاجر، موفرّة 44.7% من إجمالي الزيادة المحققة في عدد السكان، وبلغت حوالي 17 ألف مهاجر سنة 2010[47]، مترافقاً مع "استمرار الهجرة المضادة من الكيان الإسرائيلي بنحو 635 ألف نسمة بمتوسط يبلغ حوالي 10 آلاف نسمة سنوياً، بسبب اضطراب الأمن بفعل المقاومة الفلسطينية والعوامل الاقتصادية والاجتماعية، بينما يعود سبب "العودة" بعد "الخروج" إلى الحوافز الاقتصادية"[48].

ويشكل المتدينون معولاً مهماً للهجرة والاستيطان بصفتهما "جوهر الحركة الصهيونية". وقد بدأت الهجرة اليهودية سنة 1880 بأعداد ضئيلة أسهمت في إيجاد الدعائم الرئيسية لليشوف، ومن ثم توالت الهجرات، سواء العلنية منها أو السرية التي بدأت سنة 1934. وقد أوجدت الهجرات الأولى الوقائع الاستيطانية على الأرض التي مهد لها كاليشر حينما "ابتاع أرضاً، بطريق غير مباشر، في ضواحي يافا عام 1866 لغرض التوطين، ومن ثم عمد أتباع الحاخام يهوذا القالي Yehuda Alkalai عام 1878 إلى شراء أرض لبناء أول مستعمرة صهيونية (بتاح تكفا Petah Tiqwa) تحولت إلى إحدى المدن الكبيرة التي أنشأها اليهود قبل عام 1948 وضمت 160 ألف مستوطن"[49]، فيما شكل الاستيطان الزراعي القاعدة الأساسية لقيام "دولة إسرائيل"، من خلال إقامة الموشافوت Moshavot الجماعية التي شكلت أولى صوره، إلى جانب إقامة الكيبوتس والقرية العمالية "موشاف عوفديم" Moshav Ovdim والقرية التعاونية "موشاف شتوفي" Moshav Shittufi، مما أحدث تصادماً مع الفلاحين الفلسطينيين الذين استشعروا مدى خطورة الأهداف الصهيونية حينها.

ويعد الاستيطان "واجباً قومياً ودينياً وجزءاً من مهمات الحركة الصهيونية لاحتلال فلسطين وتوطين المهاجرين اليهود من شتى بقاع العالم، وتثبيت الحدود الآمنة وتأمين العمق الاستراتيجي والسيطرة على الموارد المائية وتقطيع أوصال الأراضي الفلسطينية وتأمين مستودعات الأسلحة والعتاد، وإعداد القوات العسكرية النظامية" وفق المؤتمر الصهيوني[50]. وقد اصطبغت المستوطنات بعناوين متغايرة بقصد التمايز فيما بينها، من دون أن ينفي كونها مستعمرات على أرض محتلة، فهناك الاستيطان الديني، الذي تركز في القدس والخليل تحديداً، والاستيطان الأمني والسياسي والحدودي، كما تحايل الاحتلال على الوضع القانوني للمستعمرات بالتمييز بين مستوطنات قانونية وأخرى غير قانونية أو الزعم الاستيطاني لأغراض "النمو الطبيعي". وقد أسهمت حركة جوش إيمونيم المتطرفة، منذ تأسيسها رسمياً سنة 1974، في تدعيم النشاط الاستيطاني انطلاقاً من إيمانها بضرورته في "كامل أرض إسرائيل"، فأقامت المستعمرات التي كان أكبرها معاليه أدوميم Ma'ale Adummim في القدس المحتلة.

وإذا كانت وتيرة الحركة الاستيطانية قد نشطت بعد العدوان الإسرائيلي سنة 1967 خلال حكومات الاحتلال اليمينية واليسارية المتعاقبة، وسط انخراط فاعل من الحركات والقوى الدينية، حيث بلغ عدد المستعمرات في هضبة الجولان المحتلة زهاء 33 مستعمرة تضم قرابة 20 ألف مستوطن يسيطرون على معظم موارد الأرض والمياه ويتمركزون في الجولان الجنوبي، حيث تقع غالبية الأراضي الصالحة للزراعة. غير أن مساره تسارع منذ مؤتمر مدريد للسلام سنة 1991، ومن ثم توقيع اتفاق أوسلو سنة 1993 الذي شهد تحويل زهاء 70% من أراضي الضفة الغربية إلى "أراضي دولة" لا يمكن تأجيرها إلا لليهود، لأغراض بناء المستعمرات، فيما يزيد عدد المستعمرات في الضفة الغربية اليوم عن 160 مستعمرة، منها 27 مستعمرة في القدس المحتلة وحدها، تضم قرابة 200 ألف مستوطن من أصل زهاء 560 ألف مستوطن، وذلك بعد انسحاب الاحتلال من أربع مستعمرات معزولة في الضفة الغربية و21 مستعمرة في قطاع غزة في إطار انسحاب أحادي الجانب نفذه في آب/ أغسطس سنة 2005،

بينما تشكل الطرق الالتفافية وسيلة أخرى للسيطرة على الأراضي المحتلة وحماية المستعمرات وربطها وإحكام الطوق حول المدن المحتلة المتقطعة بنحو 600 حاجز عسكري في الضفة الغربية، وفق مركز الإحصاء الفلسطيني[51].

بينما يستكمل الاحتلال بناء جدار الفصل العنصري، الذي من شأنه، في حال استكماله، قضم نحو 39% من مساحة الضفة الغربية، مقابل الإبقاء على 61% منها مقطعة الأوصال[52]، وضم 6 كتل استيطانية في المرحلة النهائية إلى القدس المحتلة، تضم مجتمعة 80% من المستعمرات ونحو 400 ألف مستوطن بنسبة 70% من إجمالي عددهم، بعدما صادر ما يزيد على 300 ألف دونم لصالح بناء الجدار، فيما يعيش عشرات الآلاف من الفلسطينيين في معازل وكنتونات بسببه، وفق معطيات دائرة المفاوضات في منظمة التحرير الفلسطينية[53].

ب. الاستعمار تحت شعار "الاستعادة":

تحت شعار "استعادة أرض الميعاد"، احتلت الصهيونية الجزء الأكبر من أرض فلسطين، قدر بنحو 77% من الأرض الفلسطينية بدلاً من 55%، وهي النسبة التي خصصت لها وفق قرار التقسيم رقم 181 الصادر سنة 1947، وقد كان اليهود قبل صدوره يشكلون نحو 32% من السكان ويمتلكون 5.6% من الأراضي، بينما كانوا يمتلكون عند صدور وعد بلفور سنة 1917 نحو 2% من أرض فلسطين[54]. كما اشتركت مع بريطانيا وفرنسا في عدوان ثلاثي على مصر سنة 1956، واستولت في سنة 1967 على الضفة الغربية وقطاع غزة والجولان، التي أعلنت في 1981/12/14 عن ضمّ مرتفعاتها إليه، ومزارع شبعا إضافة إلى جزء من سيناء وجزء من الأرض الأردنية، فاحتلت أرضاً أكبر بثلاثة أضعاف من الأراضي التي كانت بحوزتها قبل الحرب.

وفي سنة 1978 ضمت جنوب لبنان، ومن ثم احتلت سنة 1982 ما يقرب من ثلثي أراضيه، أعقبتها بسلسلة خطوات بين سنتي 1989-1990 للسيطرة عليها، وعلى الرغم من انسحاب "إسرائيل" المنفرد من جنوب لبنان من دون قيد أو شرط في 2000/5/25

تحت وطأة ضربات المقاومة اللبنانية، وبخاصة حزب الله، إلا أن الاحتلال عاد وشنّ عدواناً متصاعداً في تموز/ يوليو سنة 2006 على لبنان، كما ما زال يسيطر على مزارع شبعا وكفر شوبا، حيث لم يَحُلْ إبرام "إسرائيل" لمعاهدة سلام مع مصر سنة 1979 دون احتلالها لأراضي دول عربية أخرى، مثلما لم يَحلْ اتفاق أوسلو دون إعادة احتلالها للأراضي التي اتفق بموجبه على خضوعها للسلطة الفلسطينية. وتكرر ذلك في قطاع غزة قبل الانسحاب منه بقرار أحادي الجانب سنة 2005، ومن ثم شنّ العدوان عليه نهاية 2008 ومطلع سنة 2009.

وبالتزامن مع سياسة الاحتلال والضم تحت بند المزاعم الدينية، أصدرت سلطات الاحتلال عدة قوانين وأنظمة هدفت إلى مصادرة الأراضي العربية والاستيلاء عليها، حيث ما تزال أنظمة الطوارئ بشأن أملاك الغائبين الصادرة سنة 1948، التي تمّ بموجبها وضع كل ما يملكه اللاجئون من ممتلكات تحت تصرف القيّم على أملاك الغائبين، سارية المفعول.

ج. مزاعم المشروعية الإلهية والتاريخية للتوسع:

غلفّت الصهيونية مشروعها بأطرٍ من "المشروعية الإلهية والتاريخية" التي تُلغي حقوق "الآخر" العربي الفلسطيني. فوفقاً للمعتقد الصهيوني فإن "الوطن القومي لن يكون لجميع اليهود ما لم تفتح أبوابه لاستيعابهم"، مما يستدعي "أرضاً واسعة قابلة للنمو تمتد على جانبي ضفتي الأردن"، فالهجرة والاستيطان والسيادة بالقوة تشكل أهم "وظائف الدولة وأهدافها بصفتها أدوات التجسيد الصهيوني لإعادة الشعب إلى أرضه"[55]، ومن هنا غاب تحديد الحيز الجغرافي لنطاق الدولة وبالتالي لحدودها، بما يتأصل جلياً في "إعلان الاستقلال" الذي لم يُشرْ صراحة إلى حدود "دولة إسرائيل"، باعتباره تقييداً لحركة الدولة وتطلعاتها، فظلت الحدود مطاطية مرنة قابلة للتوسع. وهذا هو حال الدولة التي تعدّ أن الإقليم لا يشكل الدولة وإنما الوعاء الذي تمارس عليه الدولة سلطـاتها. فالحدود وفقاً لمنظورهم هي المكان الذي يرابطون فيه ويدافعون من خلاله عن البلاد.

ولأن الحدود مرنة مطاطية، فإن ثمة تبايناً في تصور حدودها وتسميتها، فتارة يتحدث الصهاينة عن الحدود التوراتية أو التاريخية وتارة أخرى يطلقون تسميات "أرض إسرائيل الكبرى" أو الكاملة أو الحدود الآمنة أو الشرعية أو الطبيعية، مع أن جميعها تنطلق من نظرة توسعية ترمي إلى احتلال أرض الآخر وضمها. بينما عكست النصوص التوراتية والتلمودية تناقضاً جلياً عند الحديث عن الحدود دون توضيح النطاق الجغرافي لـ"الأرض الموعودة"، بما عكس نفسه في دعاوى قادة الحركة الصهيونية وفي المشاريع المتعددة لمكان إقامة "الوطن"، وفي ماهية الحدود التي يتحدثون بها.

أدوات التوسع:

- **العنف والقوة:**

تحمل الصهيونية عنفاً وعدوانية متجذرة ضدّ الفلسطيني العربي، الذي لا يعدّ بالنسبة إليها كائناً إنسانياً له قيمة معترف بها بل مجرد بؤرة خطر لا بدّ من مجابهتها بالقوة، عبر "طرده من أرض إسرائيل التاريخية"[56]، وفق دعوة رئيس حركة كاخ العنصرية مائير كاهانا Meir Kahane، التي تجد حضورها اليوم من خلال وزير الخارجية أفيجدور ليبرمان الذي يدعو إلى طرد العرب الفلسطينيين من أراضيهم سنة 1948 على غرار واقعة النكبة، وأيضاً عند رئيسة حزب كاديما تسيبي ليفني عندما دعت فلسطيني 1948 إلى "تجسيد طموحاتهم القومية في إطار الدولة الفلسطينية المستقبلية"[57]، الأمر الذي تتساوق خطورته مع طروحات إقامة الدولة أولاً قبل التفاوض النهائي لما تحمله من إلغاء حقّ العودة، حيث يصبح اللاجئون في الشتات مجرد مهاجرين وليس لاجئين، بإمكانهم العودة في أي وقت إلى "دولتهم" المشكلة.

ويجد اللجوء إلى العنف والقوة مكانة بارزة في المشروع الصهيوني، بصفتهما وسيلة للطرد والاستيلاء على الأرض والحفاظ على وجود الدولة واستمرارها وضمان أمنها الذي يشكل هاجساً بالنسبة إلى الداخل الإسرائيلي من دون أن تسهم العملية السلمية في إلغائه، في ظلّ الربط بين القوة والسلام. وهو من المعاني التي أكد عليها

زعماء الحركة الصهيونية أمثال فلاديمير جابوتنسكي الذي قال "إن التوراة والسيف أنزلا علينا من السماء"، وتابعه في ذلك تلميذه مناحيم بيجن زعيم عصابة الأرجون Argon ورئيس وزراء "إسرائيل" الأسبق الذي قال "أنا أحارب إذن أنا موجود"، وغيرهم من زعماء الصهاينة من التيارات المختلفة بمن فيهم اليسار الإسرائيلي، وهو الأمر الذي نفذه رئيس الوزراء الأسبق إسحق رابين Yitzhak Rabin عملياً سنة 1987، حينما كان وزيراً للدفاع، حيث أمر قواته بقمع الانتفاضة بالقوة وتحطيم عظام الأطفال، من دون أن توضع الانتفاضة تحت السيطرة حيث أثبت أهالي الأراضي المحتلة أن القوة العسكرية كانت جزءاً من المشكلة أكثر منها حلاً، وهو الأمر الذي ثبت في العدوان على غزة أواخر سنة 2008 ومطلع سنة 2009. فيما تحمل الصهيونية في طياتها حتمية شنّ الحروب، بوصفها وسيلة لتحقيق أهداف سياسية، فتحولت إلى ظاهرة "تلازم الفرد اليهودي في مختلف مراحل حياته حدّ التعايش معها حياتياً، مثلما باتت عنده حقيقة موجودة أو كابوساً لا مفر منه، جعلته يعيش في حالة حرب دائمة مع العالم العربي الذي يحيط به، حتى وإن لم تكن قائمة فعلياً، مما أفقده حالة السلام والاستقرار"[58]، فتحول الداخل الإسرائيلي بفعلها إلى ثكنة عسكرية تحظى فيها القيم العسكرية والنزعة العدوانية بالأهمية، في جو يشخّص فيه العربي عدواً، كما شكلت محوراً زمنياً تتحرك "إسرائيل" وفقاً له في كافة الجوانب الحياتية.

• الطرد والتهجير:

تُرجمت أهداف الاحتلال عامي 1948 و1967، من خلال الطرد والتهجير وارتكاب المجازر وتدمير 531 قرية فلسطينية، فبات 85% من أهالي الأرض التي أقيمت عليها "إسرائيل" لاجئين، فيما نزح 90% من سكان القرى بسبب الهجوم العسكري الصهيوني، بالتزامن مع هدم المنازل حتى لا يجد اللاجئون مكاناً يعودون إليه، ثم استتبع الصهاينة ذلك بإصدار قوانين تحول دون عودة اللاجئين وطرح مشاريع لاستيعابهم في أماكن وجودهم. ومع ذلك فما زال القادة الصهاينة حتى الآن ينفون مسؤوليتهم عما حصل، الأمر الذي جرى دحضه إسرائيلياً من قبل مَن يُطلق عليهم

المؤرخون الجدد. كما تجسد العنف الصهيوني في الانتفاضتين سنتي 1987 و2000، مثلما حدث في العدوان ضدّ قطاع غزة أواخر سنة 2008 وأوائل سنة 2009، بتشريد آلاف الفلسطينيين عن أماكنهم. كما أدت أعمال الاحتلال العسكرية ضدّ الأراضي اللبنانية منذ ما قبل سنة 1948 حتى اليوم إلى تشريد آلاف اللبنانيين واللاجئين الفلسطينيين المتواجدين هناك، فيما تسبب العدوان الإسرائيلي على الأراضي اللبنانية في تموز/ يوليو سنة 2006 بتشريد آلاف اللبنانيين.

ولم يتوقف الإرهاب الصهيوني عند ذلك الحدّ، بل تجسد في ارتكاب المجازر وانتهاج سياسة الاغتيالات والقتل ضدّ الفلسطينيين. كما تجسد في ممارسات الاحتلال العنصرية بحقّ أكثر من ثمانية آلاف أسير فلسطيني عربي في سجونه ومعتقلاته، وكذلك يتجسد في مناهج التعليم الإسرائيلي التي "تعكس مضامين توراتية تمجد القوة والعنف وتحث على القضاء عليهم وإفنائهم"[59].

• التسلح:

تمكنت الصهيونية من ترسيخ وجود مشروعها في فلسطين بقوة السلاح، من خلال إنشاء تنظيمات عسكرية، شكلت فيما بعد نواة جيش الاحتلال الذي يمارس اليوم الدور نفسه في قمع المقاومة الفلسطينية وحماية المستوطنات، بدعم من الداخل الإسرائيلي في إطار تفاهم جماهيري عريض، فـ"الانتهاكات القانونية مسموح بها شريطة أن تكون أسبابها ومحفزاتها سياسية تتدارى تحت صورة من صور العدل"[60]، وفق المنظور الصهيوني، مما يشي عن عقلية حربية لم تتخلص منها "إسرائيل" حتى وهي تتحدث عن السلام.

وقد سعى قادة الاحتلال لتحويل الجيش إلى قوة ضاربة، بما انعكس في الميزانية العسكرية المتزايدة من دون أن تتأثر بعملية السلام، حيث بلغت الموازنة العسكرية الإسرائيلية الرسمية لسنة 2010 ما مجموعه 50.92 مليار شيكل (13.64 مليار دولار)، بينما تبلغ الميزانية العسكرية المتوقعة لسنة 2011 ما مجموعه 54.2 مليار شيكل

(15.12 مليار دولار). وذكرت جريدة هآرتس Haaretz أن الميزانية العسكرية الحقيقية لسنة 2010 بلغت 53.2 مليار شيكل (14.25 مليار دولار)، موضحة أن هناك إيرادات تحصل عليها وزارة الدفاع ولكنها لا تذكر في ميزانيتها. غير أن حالة القلق والارتباك التي تشهدها "إسرائيل"، نتيجة التغيرات التي تحدث في العالم العربي، دفعت وزارة الدفاع للمطالبة بزيادة موازنتها لسنة 2011 لتبلغ بعد اعتمادها نحو 18 مليار دولار. كما أشار إيهود باراك إلى الرغبة الإسرائيلية بطلب دعم عسكري أمريكي بقيمة عشرين مليار دولار لمواجهة المخاطر المحتملة الناتجة عن التطورات في العالم العربي[61]. وقد أسهمت المساعدات الاقتصادية الأمريكية في تطوير القدرات الحربية الإسرائيلية وغض الطرف عن عدم انضمام "إسرائيل" إلى معاهدة حظر انتشار الأسلحة النووية وعدم إخضاع منشآتها النووية للرقابة والتفتيش من الوكالة الدولية للطاقة الذرية.

وتحظى المؤسسة العسكرية الإسرائيلية بأهمية بالغة لكونها الدعامة الرئيسية للتضامن الداخلي وبوتقة الصهر الأساسية لليهود، تعنى بإجراء التقويمات المتصلة بالأمن القومي والمشاركة في التخطيط الاستراتيجي، إضافة إلى إقامة وحماية المستوطنات وتنظيم الهجرة والبرامج التعليمية لأفراد الجيش، بما أوجد علاقات مدنية – عسكرية متوترة ستظل قائمة "ما لم يتم فصل الجيش عن الوظائف المدنية وإيجاد علاقة تعاونية بين الجانبين"، وفق القائد العسكري السابق في جيش الاحتلال ووزير الخارجية الأسبق إيجال آلون Yigal Allon[62]. فيما تمثل الخدمة العسكرية القيمة الأولى للداخل الإسرائيلي، يؤديها الرجال والنساء. وبالتالي، فإما أن يكون اليهودي في صفوف المجندين إلزامياً أو بين صفوف الاحتياط، باستثناء غالبية المتدينين بذريعة حفظ وتخليد التوراة وتلقي الدروس في معاهدهم الدينية العسكرية. غير أن "الهالة" التي أحيطت بجيش الاحتلال تأثرت بعد تكبّده الهزيمة أمام المقاومة اللبنانية في العدوان الإسرائيلي على لبنان في تموز/ يوليو سنة 2006، فحاول استرجاع "قوة الردع" من خلال عدوانه على غزة، كأحد الأهداف الرئيسة المعلنة.

• التحالف:

اعتمد الكيان الصهيوني على قوة غربية عظمى لدعم ركائز وجوده، مع التمتع بدرجة من الاستقلال، مما يفسر تنقل نشاط قادته من مركز جذب إلى آخر. فمن تركيا التي أخفق هرتزل في الحصول منها على وعد أو تصريح يسمح بإقامة "وطن يهودي" في فلسطين، إلى فرنسا التي رفدت الكيان الصهيوني سنة 1949 بأولى نواة نشاطاته النووية عبر مساعدته في إنشاء مفاعل ديمونة، مروراً بألمانيا، ثم إنجلترا التي استطاع الصهيوني حاييم وايزمان Chaim Weizmann الحصول منها على وعد بلفور سنة 1917، بما مكنهم من اكتساب موطئ قدم في فلسطين، بينما فتح الانتداب البريطاني بوابات فلسطين على مصراعيها أمام الهجرة اليهودية المتدفقة، وصولاً إلى الولايات المتحدة التي اعترفت بـ"إسرائيل" فور قيامها، تدشيناً لتحالف أمريكي – إسرائيلي تأطر رسمياً على هيئة صيغة مذكرة للتفاهم الاستراتيجي بين الجانبين سنة 1981، أُتبعت بانضمام "إسرائيل" إلى مبادرة الدفاع الاستراتيجي الأمريكية سنة 1983، ومن ثم الإعلان عن قيام حلف دفاعي بين الجانبين سنة 1996، مصحوباً بدعم أمريكي سياسي واقتصادي وعسكري مفتوح (سبق ذكره)، تعمق مع نواتج العدوان الإسرائيلي على الأراضي اللبنانية في تموز/ يوليو سنة 2006 بفشل مشروعه أمام ثبات وصمود المقاومة، مثلما تكرر في صمود المقاومة والشعب الفلسطيني أمام عدوان الاحتلال على قطاع غزة.

3. "الدولة اليهودية":

لم يتوقف التوظيف الصهيوني للدين عند حدود نفاذ المشروع الاستعماري الاستيطاني في فلسطين، وإنما تصاحب مع الإرهاصات الأولى لإقامة دولة تحمل طابعاً يهودياً، تمهيداً لخطوة الاعتراف بها "دولة يهودية"، على غرار ما يطالب به قادتها اليوم من الجانب الفلسطيني خاصة، ومن العربي والدولي عامة، بما يمنحها شرعية تاريخية ودينية، ويشكل خطراً على القضية الفلسطينية وعلى الصراع العربي – الإسرائيلي.

ويجد هدف تشكيل "الدولة اليهودية" تأصيلاته في الداخل الإسرائيلي منذ البدايات، باعتباره موضع إجماع، حتى من العلمانيين أنفسهم بالرغم من تفسيرات بعضهم المغايرة لتأويلات المتدينين. فقد وجدت الصهيونية في صفوف يهود قلة شكلوا ما يسمى بمجتمع اليشوف القديم، أي الاستيطان الأول في فلسطين قبل بدء الهجرات الصهيونية المنظمة، الذي اتسم بالأساس الأيديولوجي الديني الذي وضعه مؤسسو الاستيطان القديم من المتدينين الحريديم وضمّ عناصر دينية استوطنت فلسطين خلال فترات متقطعة، مرتعاً خصباً لمقولاتها التي أطرّتها بالمشروعية الدينية التاريخية ليسهل تغلغلها في صفوفهم. وقد شكلت كل من الوكالة اليهودية والإدارة الصهيونية، اللتين تضمان أحزاباً صهيونية دينية، العنصر المعبّر عن اليشوف وأصحاب القوة السياسية في فترة ما قبل "الدولة"، بينما تدرج موقف الهستدروت Histadrut من العداء الصريح للدين إلى عدم الاكتراث بالتقاليد مقابل إبراز القيم العلمانية في النظرة لدراسة العهد القديم، فيما اقتصر دور الحاخامية (1920) على الجانب المتعلق بالأحوال الشخصية لليهود في فلسطين.

ولم يجد الوجود الديني اليهودي في اليشوف وسيلة للتعبير عن نفسه إلا بالصور التقليدية التي تجسدت في الجماعات التقليدية للطوائف اليهودية المختلفة، بخاصة التي جاءت من شرق أوروبا إلى فلسطين للاستيطان فيها، ومن ثم شقت طريقها إلى الداخل الإسرائيلي لتصبح واجهته الدينية. وتضم بين صفوفها اليهود المتشددين دينياً (الحريديم) الذين يشكلون وحدة مستقلة ذات طابع حياة وبناء مؤسسي خاص بهم، وقد وجد فيهم عناصر مناصرة للصهيونية جرى استيعابها ضمن اليشوف الجديد، مقابل معارضين لها لتناقضها مع التعاليم اليهودية والأصول التوراتية، إضافة إلى طائفة دينية متشددة في القدس المحتلة تحت مسمى دوائر "اليشيفوت" (المعاهد التلمودية) المعنية بدراسة التوراة والتلمود، وطوائف الحسيديم Hasidim المجتمعة حول الأدمورائيم (الزعماء الدينيين للحسيدية)، والحريديم من جماعة حباد Chabad-Lubavitch الحسيدية التي تشكل وحدة مستقلة وفقاً لأنماط نشاطها

وانتشارها، وتعترف بالصلاحية المطلقة لمن يرأسها وتخضع لأوامره. وتختلف هذه الجماعات الدينية في موقفها من دولة "إسرائيل" ومؤسساتها، وتتحفظ على أنماط الحياة داخلها ولكنها مندمجة فيها، مع المطالبة بإقامة الشرائع الدينية[63].

في المقابل، هناك الذين يقبلون طواعية بعض عادات الدين اليهودي بنسب متفاوتة فيما يتمسك آخرون بها، مقابل مجموعات تعادي الصهيونية وتكفر الدولة وتعيش في عزلة جيتوية داخل المجتمع شبيهة بنظام "القهيلوت" الذي كانت الجماعات اليهودية التقليدية في الشتات تعيشه في ظلّ حاخام يلعب دوراً رئيسياً في الرقابة الاجتماعية الدينية داخل أوساطه، تمثله اليوم الحسيدية، والحريدية، وساطمر الحسيدية Hasidic Satmar، إضافة إلى حركة ناطوري كارتا (حراس المدينة).

وقد شكل المهاجرون من الحريديم أوائل اليهود الذين استوطنوا فلسطين أواخر القرن الـ 18 مدعومين مالياً من مواطنهم الأصلية. وعلى الرغم من أن التوجه العام داخل صفوفهم كان يقف ضدّ الهجرة انطلاقاً من مزاعم "المسيح المنتظر"، غير أن بعضهم انضم إلى موجات الهجرة وأقام مستوطنة بني براك Bnei Brak سنة 1924، التي أصبحت المعقل الأول للحريديم في "إسرائيل"، فيما هاجرت مجموعات أخرى بقصد نشر الشريعة الحسيدية واستعجال "الخلاص"، أُردفت تدريجياً، عبر الهجرات الصهيونية المتوالية، بمستوطنين مستعدين للعنف والقوة لإقامة "وطن قومي لهم"، فاستولوا على الأراضي لإقامة المستوطنات منتهجين أسلوب تهويد العمل، بمساعدة المنظمة الصهيونية العالمية.

وقد شهدت تلك الفترة تأسيس "مكتب الحاخامية للطائفة اليهودية" في القدس، و"كنيست إسرائيل للطائفة اليهودية" سنة 1928 كهيئة عليا لإدارة شؤون اليهود، والموشافات الدينية، مثل كفار حسيديم Kfar Hasidim أول موشاف ديني سنة 1924. وعلى الرغم من رفض القوى الدينية الحريدية، عموماً، الاعتراف بشرعية الدولة عند إعلان قيامها بسبب طابعها العلماني، والمطالبة بسيادة شريعة التوراة كمرجعية أولى لـ"الدولة" والتمسك بنفس حدود "دولة إسرائيل" الوارد ذكرها في التوراة وليس

جزءاً من فلسطين، غير أنها سارعت للانخراط في السلطة بالحصول على بعض مقاعد مجلس الدولة المؤقت (الحكومة المؤقتة) خلال اجتماع المجلس التنفيذي الصهيوني سنة 1948.

وبالرغم من معارضة قادة الصهيونية لأي دور سياسي للدين، إلا أنهم وجدوا فيه أحد مقومات "القومية اليهودية"، فقاموا بتوظيف قيمه ورموزه بغرض توحيد الجماعات اليهودية عبر إيجاد مجموعة من القيم والمعتقدات المشتركة وإضفاء الشرعية على مؤسسات الدولة القائمة وأهدافها، وتعبئة جهودهم وطاقاتهم خلف مصالحها. ولكن ساسة الدولة أدركوا عدم كفاية القيم والرموز اليهودية التقليدية لتحقيق تلك الأهداف، في وقت لم يجدوا فيه سوى بضعة رموز ومضامين دينية قليلة، مثل المنورا Menorah وشمعدان الحانوكا Hanukkah وعيد الشعلة[64]، للتعبير عن يهوديتهم أمام العالم، مما جعلهم يعيدون تفسير بعضها بعد ربطها بنصوص التوراة ووقائع التراث والتاريخ، فجرى تصوير قيام الدولة على أنه تحقيق لنبوءة الخلاص وإنجاز في التاريخ اليهودي من صنع جيل متفرد، وصار "الحالوتس" أي "الرواد"، المستمد من التوراة، يعني الاشتراك في أي نشاط يعزز ويدعم أركان الدولة، بخاصة في مجالي الهجرة والتوطين، وأدخلت مفاهيم كالأمة والأرض والدولة في العبارات والأمثال التوراتية.

كما تحولت أسماء رجال الدولة والشوارع وأوسمة الجيش إلى عبرية توراتية، كما استخدمت قصص الأبطال الواردة في التوراة نماذج للإيحاء بأن جذورهم تمتد إلى فترة التوراة. وصحب ذلك تبني الدولة رموزاً وشعارات دينية، فعلم البلاد صار بنفس ألوان شال الصلاة "تاليت" Tallit في اليهودية التقليدية، ورمز الدولة هو الشمعدان ذو الأفرع السبعة الذي أقرت تعاليم الرب وضعه في المعبد، تعبيراً عن "العودة إلى أرض الأجداد"، والاحتكام إلى نصوص التوراة. واستخدمت الدولة مفهوم "متسفا" Mitzvah للإشارة إلى الأوامر الربانية أو الفرائض الدينية التي صارت تتمتع بقوة النفاذ المادي عند الاقتضاء، بما يضفي الشرعية على قوانين الدولة وقراراتها.

كما أَولت الدولة أهمية للتنقيب عن الآثار وإنشاء مراكز لدراسة التوراة لإيحاء العودة للأصل وإحياء القومية اليهودية والتوحد بين القديم والحديث، فضلاً عن الاحتفال بالأعياد الدينية بعد تحويلها إلى أعياد ذات مضامين قومية ترتبط بالأرض والدولة، مع إسباغ الهالة الدينية على طابعها. وتمّ رفع شعارين شعبيين ليوم "الاستقلال" هما الضوء والنار ترميزاً للتجديد والإحياء والشجاعة. فيما استخدم مفهوم "الشعب اليهودي" للإشارة إلى جماعة قومية لها تاريخ مشترك عاشت منعزلة في مجتمعاتها لمدة من الزمن، ولكنها تطلعت للعودة إلى "أرض إسرائيل"، وصيغت عبارة "شعب إسرائيل" للإشارة إلى اليهود كأمة وكشعب، إلا أن كلمة "الإسرائيلي" ما تزال تثير اللبس، لأنها تعني "الشعب اليهودي" كله وسكان "دولة إسرائيل" الذين يعيشون فيها، وهو أمر لا يعترف به كل اليهود.

فيما تزايد استخدام الرموز الدينية دون إخضاعها لإعادة تقييم أو تفسير، من دون أن يعني ذلك أن الإسرائيليين أصبحوا أكثر تديناً، حيث اتخذ الدين عنصراً من عناصر الهوية اليهودية، فيما صورت "إسرائيل" كأمة منعزلة تواجه عالماً معادياً، وهو ما ظهر في التضخيم والمبالغات التي تبنتها الدولة في إطاره، مثل "الهولوكوست". وقد أنمى الكيان الإسرائيلي مكونات التقاليد اليهودية لتحقيق أهداف الشرعية والتعبئة بعد عدواني 1967 و1973 تزامناً مع تعزيز فكرة الضحية جراء عدوان غير اليهود وصراعهم الدائم معهم، مما يتطلب توفير الأمن والحماية من عدائهم بكل السبل المتاحة، فراح القادة يفسرون الأحداث المعاصرة للدولة من خلال مصطلحات وعبارات هذه التقاليد والرموز، لإضفاء الشرعية على سياسات الاحتلال.

وبعيداً عن الآراء المتباينة حيال علاقة الدين بالدولة، بين اعتقاد بداخل إسرائيلي مكبل بأغلال التقاليد اليهودية وبين التماهي بينهما، مقابل القول بعلمانية الدولة، فإن محاولة رصد إرهاصات تحول القضايا الدينية إلى بؤرة للجدل السياسي منذ قيام "إسرائيل" وحتى الآن، يتجلى في اتفاقية "الوضع الراهن" القائمة منذ سنة 1947، بصفتها الأساس القانوني السياسي المؤطر للعلاقة بما تضمنته من مبادئ رئيسية صاغها

ديفيد بن جوريون، أول رئيس وزراء، بالرغم من علمانيته وسعيه لتجاوز المرحلة الحاخامية وإرساء قيم الدولة على المقرا (العهد القديم) والصهيونية فقط بغية توظيف الأول في الثانية، انطلاقاً من "إدراك أهمية الدين في تدعيم الفكرة الصهيونية، فسعى للربط بين الدولة بوصفها كياناً سياسياً ذا سيادة وبين القومية اليهودية التوراتية"، وفق الكاتب الإسرائيلي يسرائيل كوهين Israel Cohen[65].

ومع ذلك، لم تتحدد علاقة الدين وآلية عمله وتطبيقاته في الدولة بشكل واضح، فانعكست هذه الضبابية على وثيقة الاستقلال، حيث وردت العبارات التي تتطرق إلى الدين بصيغ عمومية تحتمل أكثر من تأويل، جاءت بعد نقاش طويل حول طبيعة الدولة ورسالتها دون أن تنهي الجدل المرشح للبقاء لأنه يمس بجوانب حساسة، إذ بقدر ما كان الدين يشكل مشكلة لـ"دولة إسرائيل"، فقد كان قيام الدولة يعد إشكالية للمتدينين الذين اعتادوا السنوات طويلة حياة الطائفة اليهودية المستقلة ذاتياً في شؤونها ولم يعدّوا أنفسهم لمقتضيات الدولة. بينما لم تتضمن الشريعة اليهودية إجابات شافية لكل ما تحتاجه الدولة العصرية من مقتضيات تتصل بالعلاقات الخارجية وتسيير الأمور الداخلية. غير أن الدولة لم تجد في نفسها الجرأة على الانفصال التام عن التراث بل سعت لأن تكون "دولة يهودية" دون معرفة كيفية ترجمة يهوديتها إلى لغة الواقع من دون المساس بماهية العلمانية، في وقت لا يمكن فيه تجاهل دور الدين في دعم مزاعم "الحق التاريخي" للدولة على "أرض إسرائيل".

في المقابل، لم يعرف المتدينون كيفية التعامل مع دولة تعلن علمانيتها، ومن يحاول تفسير الوجود التاريخي دينياً يصاب بالفشل عند النظر إلى الدولة على أنها تجسيد لمفهوم المسيحانية الدينية، كما يفتقد مفهوم "الخلاص" حلاً لمشكلة العلاقة بين الدين والدولة، فيما يجابه بحث المحافظين على التقاليد عن حلّ في الهالاخاه لمعرفة توجيه خطواتهم نحو الدولة عملياً، بصعوبة افتقارها لبحث الواقع الجديد، إذ لم يرد الحكم اليهودي العلماني في فلسطين صراحة في الهالاخاه، بينما يصعب التسليم بوجهة

النظر العلمانية أساساً لدولة يهودية لأنه موقف غير شرعي في نظرها. ومع ذلك، فإن معظم الحركات الدينية انحازت للدولة وأسهمت في قيادتها.

كما تمثلت إرهاصات العلاقة الثنائية في الأيام الثلاثة السابقة لإعلان "الدولة" في 1948/5/15 حول صيغة إعلان قيامها، حيث طلبت الأحزاب الدينية السياسية تضمين النص بفقرة توضح أن الحصول على الاستقلال تمّ "بمساعدة الرب وبقوته الكبرى"، وأن "أرض إسرائيل" خاصة بـ"الشعب اليهودي" بمقتضى الدين اليهودي ووعد الرب لإبراهيم، مع الإشارة إلى الطابع الديني للدولة التي هي في طريق التكوين. وبعد نقاش طويل، جرى التوصل إلى صيغة النص النهائي القائلة: "بثقتنا في رب إسرائيل نوقع بأيدينا كشهود على إعلاننا هذا في دورة أعضاء مجلس الدولة المؤقت بمن فيهم أعضاء الحكومة المؤقتة هنا في المدينة العبرية تل أبيب في هذا اليوم مساء السبت 14 مايو 1948".

كما أثارت مسألة اسم الدولة خلافاً كبيراً وسط مقترحات بتسميتها صهيون أو يهودا أو الدولة اليهودية، أو "إسرائيل"، وأخيراً تقرر تسميتها باسمها الحالي، الذي يعني في النصوص التوراتية والتلمودية الجماعة المقدسة التي دعاها الله بواسطة إبراهيم وسارة وأعطاها التوراة على جبل سيناء، وفي جميع النصوص اليهودية تعني "إسرائيل" تكييف الحياة على صورة الله ومثاله الذي يتبلور في التوراة، لكن "إسرائيل" في الشؤون الجماعية اليهودية تعني "دولة إسرائيل"[66].

كما أثيرت مسألة خلافية حول علم الدولة، فأمام مقترح هرتزل بأن يكون على شكل سبع نجوم ذهبية على خلفية بيضاء رمزاً لأيام الأسبوع السبعة، طالب الدينيون بأن يكون العلم مطابقاً لشكل "التاليت" مع إضافة نجمة داوود السداسية، وهو ما تمّ أخيراً. ومنذ ذلك التاريخ أصبحت هذه الواقعة مؤشراً لعملية التوفيق والمساومة التي تميز العلاقة بين الدين والدولة في "إسرائيل".

أ. دولة يهودية وديموقراطية:

لقد نشأ تناقض حاد عندما تبنّت الصهيونية تفسيراً دينياً وأسطورياً للقومية يتناقض مع توجهاتها العلمانية من أجل صوغ "قومية" يهودية، إذ أقيم في "إسرائيل" تجمع استيطاني يختلف نوعاً ما عن التجمعات اليهودية الأخرى في العالم، مما أوجد تناقضاً بين مشروع "الأمة اليهودية"، ومشروع "الأمة الإسرائيلية" الناشئة أو بين الهويتين الإسرائيلية واليهودية معاً، مما طرح تساؤلات ظهرت بعد قيام "الدولة" حول مرجعية اليهود ومركزهم، وتعريف اليهودي وعلاقته بالقدوم إلى "إسرائيل" بقصد الإقامة فيها أو البقاء في المنفى، تجددت مع تعريف "إسرائيل" لنفسها على أنها "دولة يهودية" ديموقراطية.بما يحمل ذلك من تناقض في ظلّ وجود أكثر من 20% من العرب مواطني البلاد الأصليين في فلسطين المحتلة سنة 1948، كما برزت مشكلة أخرى لا تكمن فقط في الارتباط بثقافة أو أفكار معينة، وإنما فيما تؤدي إليه هذه الثقافة وفيما تنتجه وبما تصنعه في البشر الذين يتعرضون لتأثيرها، فمشكلة الصهيوني لا تكمن في نظرته إلى نفسه وتقييمه لذاته فقط، وإنما في علاقته مع الآخرين ونظرته إليهم وبما تصنعه تلك النظرة من تبعات وتداعيات ما تزال مخرجاتها سائدة في الداخل الإسرائيلي ضمن آليات تنفيذية صهيونية آخذة في المزيد من التشدد والتطرف.

وتعود العلاقة المميزة بين الدين والدولة في "إسرائيل" إلى التطابق الكامل بين الدين والقومية كما عرفتها الصهيونية، ضمن علاقة فريدة، بحيث يتم فيها الانتماء للقومية ثم المواطنة عبر تغيير الدين، واتباع نهج ديني واستخدام أدوات دينية لفحص الانتماء إليها. فيما لا يجري اختبار تهّود اليهودي دينياً فحسب لغرض تحصيل المواطنة الإسرائيلية، بل تُرفض أيضاً لغرض المواطنة يهودية من غَيَّرَ دينه من اليهودية إلى ديانة أخرى، ولا ينطبق عليه "قانون العودة". كما أن الحجة المستخدمة لتبرير السيادة وحقّ تقرير المصير دينية تاريخية، يزعم بموجبها بوجود حقّ تاريخي توراتي على الأرض. وبذلك، منح الدين لقومية الصهيونية الأسماء والمفردات واللغة والأرض والتوراة، إضافة إلى البعد القيمي الإيجابي والتداعيات الثقافية والتراثية لها جميعاً،

فضلاً عن استخدام تعبيرات "شعب إسرائيل" و"الاختيار الإلهي" و"أرض الميعاد" وفكرة الخلاص والحدود التاريخية، بغرض استخدامها لهدف قومي سياسي.

وعلى الرغم من أن ذلك شكل سبب رفض الحركات الدينية الأرثوذكسية للصهيونية بسبب علمانيتها وتحوير مفهوم المسيحانية، ولكن الموقف تحول فيما بعد إلى مصدر لتعزيز ارتباط الدين والحركات الدينية بالصهيونية، استناداً إلى رابط الخلاص وتماثل الأهداف، أي الاتفاق على هدف الدولة "دولة يهودية" ترمي إلى تجميع واستيطان الهجرات الصهيونية في فلسطين، باعتباره أساس الانسجام الذي يعوّض عن فقدان التاريخ والبنية القومية فيها.

وعلى الرغم من أن سعي القادة الصهاينة لإضفاء الطابع الديني على الدولة قد بدأ منذ ما قبل قيامها، غير أن قوننة هذا التعريف، الذي تحول تدريجياً إلى عبارة تكاد تكون مقدسة في التشريع الإسرائيلي، جاءت متأخرة حتى سنة 1992 حينما ورد المصطلح المزدوج "دولة يهودية وديموقراطية" كتعريف لـ"دولة إسرائيل" في القوانين الأساسية دستورية الطابع، وكشرط لسنّ أي قانون أساس في الكنيست، حيث تعدّ القوانين الأساس التي تسنها الكنيست، عند الحاجة لعدم وجود دستور، وكأنها فصول منفصلة في الدستور. فيما يتناوب المصطلحان "دولة يهودية" و"دولة اليهود" في وثيقة الاستقلال التي لها قيمة معيارية دستورية في بنية الدولة القانونية، رغم التناقض الصارخ بين صهيونية وعنصرية الدولة وبين ديموقراطيتها، وبين اليهودية تعريفاً لماهية الدولة وبين الديموقراطية. وفيما بعد جعل القبول بها شرطاً لخوض الانتخابات البرلمانية، مما أثار ضجة قائمة حتى اليوم من جانب الأحزاب العربية في الكنيست.

وعلى الرغم من أن بعض الليبراليين يحاول استخدام مصطلح "دولة الشعب اليهودي" كمصطلح مغاير لـ"الدولة اليهودية" باعتبار أن الحديث هنا يخص دولة قومية، وأن "دولة الشعب اليهودي" هي في الواقع مثل أية دولة تعبر عن حقّ تقرير

المصير والسيادة، غير أن المفهوم يحظى في النهاية بإجماع يجد تفسيره عند البعض باعتبار فكرة أن "دولة إسرائيل" هي دولة اليهود وأنها ديموقراطية، هي أفكار مؤسِّسَة لـ"دولة إسرائيل" وأي تغيير جوهري في إحداها يؤدي إلى تغيير متطرف في ماهية الدولة وجوهرها وفي نسيج العلاقات بينها وبين مواطنيها وبينها وبين "الشعب اليهودي".

كما يدعو مصطلح الدولة اليهودية إلى تفسيرات تتعلق بجوهر محدد للدولة، هو جوهر يهودي، بما يحمل من تفسيرات خطيرة بالنسبة للعلمانيين برفض اعتبار يهودية الدولة جسراً لتفسيرات دينية تحكّم الشريعة اليهودية في حياة الناس بشكل أعمق، وفق تعامل الأحزاب الدينية مع مفهوم الدولة اليهودية. ومع ذلك فإن التخوف العلماني يتوقف عند رؤيته في "يهودية الدولة" لما هو أبعد من أغلبية يهودية، بحيث يشكل مضموناً ليهودية الدولة كامناً في تمكينها من تطوير هوية يهودية علمانية.

وقد شاع في السابق مصطلح دولة اليهود الذي حمل عنوان كتاب مؤسس الحركة الصهيونية ثيودور هرتزل دون تعريفها، وإنما قصرها على وجود أغلبية يهودية تعدّها دولتها، حيث أراد دولة تشكل تعبيراً قومياً عن اليهود، فيها أغلبية يهودية وتحول اليهود إلى شعب كباقي الشعوب الأوروبية. وبالرغم من علمانيته، غير أنه لم يجد سوى الانتماء الديني مدخلاً وتعريفاً للقومية والانتماء للدولة، مما أثار حفيظة المتدينين الذين يرفضون علمنة الدين اليهودي ويصرون على شعب التوراة، غير أن الأحزاب الدينية باتت تناضل من أجل إعطاء مضمون يهودي ديني للدولة التي كانت ترفض إقامتها على يد العلمانيين.

كما عرّف جابوتنسكي "الدولة اليهودية" على أنها دولة تقطنها أغلبية يهودية، دون أن يجد تعريفاً أو جوهراً يهودياً للدولة اليهودية. غير أن الهوية اليهودية في نظر بن جوريون هي التي تقيم الدولة وليس العكس، وهي أساس القانون الإسرائيلي وأساس المواطنة وليس العكس، فـ"حق عودة اليهودي واستيطانه في فلسطين سابق

على القانون"، على الرغم من أنه هو الذي أدى إلى تهجير الفلسطينيين، ولذلك اقترح بن جوريون خلال جلسة الكنيست في سنة 1951 بأن "تستغل أول مناسبة لطرد المواطنين العرب لأنهم يريدون رمينا في البحر"، معتبراً أن مصطلح "دولة اليهود" يخص اليهود أينما كانوا، و"ليست دولة الغالبية اليهودية الموجودة فيها بسبب اختلافها عن بقية الدول في عوامل وأهداف إقامتها"، وفق ما ذكره في خطابه في معرض تقديمه لقانون العودة سنة 1950[67].

وبهذا يتضح أنه حتى عند علماني مثل بن جوريون لا يوجد فرق حقيقي بين دولة يهودية ودولة اليهود، لأن الصهيونية في أوج علمانيتها لم تنجح إطلاقاً بوضع تعريف علماني لليهودية يختلف عن تعريف الشريعة لهذا الانتماء. فاليهودي قومياً بنظر الصهيونية، وهو أيضاً دينياً وفق تحديد المؤسسة الدينية، وعملية الفصل بين الدين والدولة أمر صعب ما دامت اليهودية تعني رموز الدولة ومصدرها التاريخي التراثي وتقرر المواطنة عبر قانون العودة الذي وضع تعريفاً يتطابق مع تعريف الدين باعتبار أن "اليهودي هو من وُلد لأم يهودية أو تهوّد وليس تابعاً لديانة أخرى"، وفق ما ورد في الموسوعة اليهودية[68]. ومع قيام "إسرائيل" تحولت الهوية اليهودية إلى هوية رسمية تحتاج إلى تحديد اليهودي الذي يسري عليه القانون بموجب تحديد الشريعة.

لقد كانت يهودية الدولة هي الأداة التي جعلت بإمكان الدولة أن تسن القوانين الرامية إلى مصادرة أراضي العرب باعتبار أن الاستيطان اليهودي واستيعاب الهجرة هي قيم أساسية. كما أن "يهودية الدولة"، هدفاً وأساساً لقيام الدولة، قد جعلت "إسرائيل" ترفض تطبيق حقّ عودة اللاجئين، وكذلك كانت أساساً لسنّ قانون الوكالة اليهودية والمنظمة الصهيونية العالمية الذي يمنحهما مكانة خاصة، إضافة إلى الصندوق القومي اليهودي "كيرين كاييمت" Jewish National Fund (JNF) "Keren Kayemet" ومنحه مكانة قانونية في مجالات تملّك الأرض والاستيطان واستيعاب الهجرة، وهي المهمات التي تعبر عن يهودية الدولة. وما زال الحفاظ على يهودية الدولة يشكل أساساً لجملة من التشريعات العنصرية، ومنها قانون منع

لم شمل العائلات الصادر سنة 2002، بخاصة إذا كان أحد الزوجين فلسطينياً من الضفة الغربية أو قطاع غزة، فيما يعدّ مرفوضاً إذا كان أحدهما من اللاجئين في الشتات، وذلك بهدف الحفاظ على الأغلبية اليهودية، بالرغم من أن مسوغات القانون التي طرحت أمنية.

كما كانت يهودية الدولة وراء المخطط الإسرائيلي المؤرخ زمنياً بسنة 2020 وفق المسار المفترض، لتهويد القدس باعتبارها "العاصمة الموحدة والأبدية لإسرائيل"، من خلال الاستيطان والطرد وهدم المنازل ومصادرة الأراضي، "لإحداث تغيير في حقائق السكان والأرض وتخفيض عدد المواطنين الفلسطينيين العرب إلى 12%، مقابل مليون يهودي في القدس المحتلة بجانبيها الشرقي والغربي، بينما يصل عدد الفلسطينيين اليوم في شطرها الشرقي حوالي 255-300 ألف مقدسي"، وفق معطيات اللجنة الملكية الأردنية لشؤون القدس[69].

ويطالب الساسة بالاعتراف بـ"إسرائيل" كـ"دولة يهودية" أثناء المفاوضات مع الفلسطينيين وشرطاً لها، وهي مطالبة محمومة تعود تشريعياً إلى سنة 2000 بغرض تأكيد يهودية الدولة وطابعها اليهودي وأغلبيتها اليهودية بالقانون. وقد سعت الدبلوماسية الإسرائيلية إلى إعطاء موضوع يهودية الدولة صفة دولية، بمطالبة الفلسطينيين بالاعتراف بـ"إسرائيل" كـ"دولة يهودية"، بحيث يكتسب هذا المصطلح شرعية دولية، من خلال الاتفاقيات والأعراف الدولية السائدة، وفي القانون الدولي. ولكن الجانب الفلسطيني العربي يرفض ذلك لأنه يرى فيه تخلياً علنياً عن حقّ العودة حتى قبل المفاوضات، غير أن الولايات المتحدة تبنت المطلب لتبديد مخاوف "إسرائيل"، حيث جاء في كلمة الرئيس الأمريكي السابق بوش في مؤتمر العقبة سنة 2003 أن "أمريكا ملتزمة بقوة بأمن إسرائيل كدولة يهودية"[70]، فيما أكدت إدارة الرئيس أوباما بأن الولايات المتحدة تعترف بـ"إسرائيل كدولة يهودية"[71]، وهكذا أصبحت يهودية "إسرائيل" مسألة دولية. فـ"إسرائيل" تصر اليوم على هذا المطلب حيث لم تعد تكتفي بالاعتراف بها كدولة ذات سيادة وكأمر واقع وإنما دولة يهودية بما يعطيها ذلك من

مشروعية تاريخية ودينية. وهي بتلك المطالبة تهدف إلى تنازل الفلسطينيين عن كل مطالبة فلسطينية بحق العودة للاجئين الفلسطينيين إلى داخل الأرض الفلسطينية المحتلة سنة 1948، كما أنه يعني أيضاً حرمان الفلسطينيين المواطنين في الأرض المحتلة سنة 1948 من حقّ الإقامة في وطنهم، وشرعنة القوانين العنصرية الإسرائيلية ضدهم.

وقد شكلت قضية اللاجئين أحد أهم المعضلات في مفاوضات كامب ديفيد الثانية سنة 2000 تحت رعاية الرئيس كلينتون وحضور الرئيس الفلسطيني الراحل عرفات وإيهود باراك، والتي اصطدمت بحائط اللاءات الإسرائيلية بشأن اللاجئين والقدس وإزالة المستوطنات، حيث عرضت "إسرائيل" "تنازلات" رمزية تختزل قضية حقّ العودة في إطار "جمع شمل العائلات" ضمن شروطها ومعاييرها، وتوطين اللاجئين في أماكن وجودهم وإضافة بند إلى الاتفاق يفيد بوضع حدٍّ للصراع من شأنه أن يحررها من كل مطلب مستقبلي بشأن تلك القضية، مما يعني دفن أية مسؤولية لها عن اللاجئين.

وقد تواتر ذلك الموقف الإسرائيلي مع خطة خريطة الطريق بإيراد 14 تحفظاً بشأن رفض حقّ العودة وتقسيم القدس وإزالة المستوطنات، كما تكرر مع رفض المبادرة العربية للسلام التي أقرت في قمة بيروت سنة 2002 وأعيد التمسك بها في قمة الرياض سنة 2007 وقمة الدوحة سنة 2009 وقمة سرت سنة 2010، وتنص على الانسحاب الإسرائيلي من الأراضي العربية المحتلة سنة 1967 والتوصل إلى حلّ عادل بشأن قضية اللاجئين وفق القرار الدولي 194 مقابل التطبيع. بينما وضعت "إسرائيل" شرط الاعتراف بها "دولة يهودية" أمام المؤتمر الدولي حول السلام في الشرق الأوسط في أنابوليس تحت الرعاية الأمريكية في تشرين الثاني/ نوفمبر سنة 2007، مما أفشله، إذ إن مطالبة "إسرائيل" بالاعتراف بها كـ"دولة يهودية" تتناقض كلياً مع مبدأ حقّ العودة، مثلما تعني إسقاطاً له ونسفاً لأية مطالبة فلسطينية عربية به.

ب. مظاهر البعد الديني في الكيان الإسرائيلي:

نُظر إلى تحول القيم اليهودية لإطار مؤسسي على أنه إنجاز سياسي عند الأحزاب الدينية التي باتت تشكل، نتيجة لأسلوب الانتخابات النسبي، لسان الميزان السياسي بين اليسار واليمين، مما جعل إشراكها في الحكم أمراً حتمياً لتشكيل الحكومات الائتلافية استلزم نوعاً من الاستسلام لمطالبها، مما يشي عن "سياسة خاضعة لسلطة الدين تحت ضغط سياسي"، وفق رأي الكاتب الإسرائيلي نورمان زوكر Norman Zucker[72].

وقد حرصت الصهيونية على إضفاء الطابع الديني على الإطار الهيكلي المؤسسي للدولة، عبر تشكيل وزارة للأديان يتسلم حقيبتها حزب ديني، وتشريع قوانين مستمدة من الشريعة الدينية فيما يتصل بالسبت والأعياد والكوشير (الطعام الشرعي)، ووجود محاكم دينية تعنى بقضايا الأحوال الشخصية، والاعتراف بجهاز القضاء الحاخامي للبت في القضايا المرتبطة بالأحوال الشخصية أمام المحاكم الربانية (الحاخامية) وفق أحكام الهالاخاه. كما ظهر نظام تعليمي ديني مستقل خاص بالأحزاب الدينية السياسية، إلى جانب المدارس الحكومية والمدارس الدينية الأرثوذكسية. كما أنشئت في وزارة التعليم شعبة خاصة بالتعليم الرسمي الديني، وقسم للثقافة التوراتية الأرثوذكسية وآخر للعناية بموضوع "الوعي اليهودي" في التعليم الرسمي.

ومُنحت الحاخامية الرئيسية صلاحيات واسعة بوصفها المحكمة الدينية العليا، يتبع لها حاخامية عسكرية مسؤولة عن إدارة النشاطات الدينية في جيش الاحتلال، ومدارس دينية عسكرية وكلية عسكرية خاصة بالمتدينين واسمها "أور عتسيون" Or Etzion. وتكمن المفارقة هنا في عدم التزام بعض العاملين داخلها كثيراً بالدين، بينما لا يؤيد بعضهم الصهيونية وقيام "إسرائيل"، أو يعدّ أن عمله مصدر رزق وليس رسالة، كما أن قلة منهم يرسلون أبناءهم للخدمة العسكرية.

91

وقد أصدرت الحاخامية العسكرية عدة فتاوى دينية تحرّض الجنود ضدّ القرارات العسكرية العليا، منها فتوى صدرت عن حاخامات الدولة المنضوين في إطار "الاتحاد العالمي من أجل أرض إسرائيل" سنة 1993، تاريخ توقيع اتفاق أوسلو، تحرِّم الانسحاب من "أرض إسرائيل" وتبيح حمل السلاح ضدّ أي فلسطيني يحاول "استلابها". كما أصدر حاخامات الجمعية العبرية سنة 1995 فتوى انتزعت الشرعية عن عملية التسوية السلمية ونتائجها، معتبرة أن الانسحاب من الضفة الغربية ومستوطناتها أمر محرم دينياً وعلى الجنود عدم إطاعة أية أوامر بهذا الخصوص، في وقت شككت فيه بأحقية الساسة التخلي عن مبادئ "الشعب اليهودي" والتحكم في قراراتهم المصيرية.

كما أصدر الحاخام الأكبر السابق مردخاي إلياهو Mordechai Eliyahu فتوى عقب مذبحة الحرم الإبراهيمي في الخليل في 1994/2/25 أباح فيها قتل النساء والأطفال من الفلسطينيين العرب وكل المعادين لـ"إسرائيل"، مبرئاً اليهودي المتطرف منفذ العملية باروخ جولدشتاين Baruch Goldstein من فعلته، كما صدرت فتوى في العام ذاته تطالب جنود الاحتلال بعدم الانصياع لأوامر الانسحاب من المستوطنات. فيما حُمّلت مجموعة الفتاوى التي صدرت عن الحاخامات ضدّ رئيس الوزراء الإسرائيلي السابق إسحق رابين لخوضه في مسار العملية السلمية، مسؤولية اغتياله سنة 1995 على يد إيال عمير Eyal Amir، المتخرج من صفوف جامعة بار إيلان الدينية التابعة للأحزاب الدينية والمنتمي لمنظمة إيال Eyal (Jewish Fighting Organization) الدينية المتطرفة التي تنادي بتطبيق مبادئ التوراة وبقتل من يخون أهداف "الشعب اليهودي". ومع ذلك، فإن القوى الدينية تتساهل كثيراً في القوانين والتشريعات الدينية إذا تعلق الأمر بعمل المؤسسة العسكرية، ومن ذلك إباحتها تسيير دوريات مسلحة أيام السبت والأعياد اليهودية على الرغم من الحظر الديني لأي نشاط في أيام السبت[73].

غير أن الولوج الديني في خضم مؤسسة عسكرية تتبع لدولة تصف نفسها بالعلمانية يشي عن توافق بين القادة العسكريين والزعماء الدينين حول الأهداف.

فأسطورة التوراة بما تحمله من مضامين نصّية تقدم المبرر المثالي للممارسات العدوانية التي يقوم بها رجال الجيش وتسبغ الشرعية على أعمالهم، الأمر الذي يتبين عبر وصفها العدوان الإسرائيلي على لبنان سنة 1982 بـ"حرب يلهمها الرب"، موصية الجنود بـ"قراءة النصوص الدينية الداعية إلى تدمير أعداء إسرائيل بالنار والعاصفة"، ومصدرة خريطة تزعم الحق في مساحات واسعة من جنوب لبنان على أنها ميراث لإحدى قبائل "إسرائيل" الـ 12 هي قبيلة آشر Tribe of Asher. كما يتجلى ذلك أيضاً عبر مشاركة الحاخامية العسكرية في العدوان الإسرائيلي على قطاع غزة[74]، وإصدارها فتاوى تبيح قتل الفلسطينيين العرب وتشبيهها قبول ساسة "إسرائيل" بخريطة الطريق بمثابة "سفك دماء اليهود جميعاً"[75].

وتشي سلسلة الفتاوى الحاخامية عن نزعة الجرأة التي باتت تمتلكها القوى الدينية لانتقاد مؤسسة ظلت لفترات طويلة تمثل أهم مظاهر توحد اليهود وأبرز عوامل صهر بوتقته. غير أن تغير الظروف الداخلية والإقليمية، ومنها العملية السلمية واستحقاقاتها، إضافة إلى تصاعد مسار المقاومة الفلسطينية، وتراجع مستوى الأمن في الداخل الإسرائيلي، والإخفاقات المتوالية التي مُنيت بها المؤسسة العسكرية، والتي تجلى أبرزها مؤخراً في تصدي المقاومة اللبنانية للعدوان الإسرائيلي في تموز/ يوليو سنة 2006 وصمود المقاومة الفلسطينية أمام العدوان الإسرائيلي على قطاع غزة، قد فسح المجال أمام تصاعد دور القوى الدينية في هذه المؤسسة. فبما أن السلم قد عجز عن تحقيق الأمن بالنسبة للقوى الدينية، فمن الحري بها تجاوز كافة أجهزة الحكم والمؤسسات الرسمية في سعيها لفرض تصوراتها للأمن والسلام، بخاصة في أوقات الشدائد والأزمات، مما أدى إلى ارتفاع مصداقية الخطاب الديني داخل المؤسسة العسكرية، في وقت يتجلى فيه الربط دوماً بين مفهومي الأمن والعقيدة الدينية اليهودية التي تحضّ على استخدام القوة ضدّ الأعداء من الفلسطينيين العرب.

كما يشغل البعد الديني موقعاً بارزاً في السلطة السياسية، برز من خلال الاستجابة لمطلب المتدينين بعدم إصدار دستور علماني في ظلّ وجود "التناخ" Tanakh

93

(العهد القديم)، في وقت لم يُردْ فيه بن جوريون إثارة قضايا خلافية حول دستور سيحدّ مضمونه عن حدود الدولة من النطاق الجغرافي الذي قد تستوعبه لاحقاً. وللدين أثره في بلورة معالم النظام السياسي، مثلما تجلى عند اختيار اسم "الكنيست" لإبراز البعد الديني والتاريخي في تشكيلها، فكلمة الكنيست في العبرية تعني الجمعية الدينية التي كانت تطلق في القرن الخامس قبل الميلاد وتقوم بالتشريع وتفسير الدين اليهودي إبان عهد "عزرا" Ezra و"نحميا" Nehemiah، وتتشكل من هيئة منتخبة مكونة من 120 عضواً (عدد مقاعدها حالياً)، ويعود هذا العدد إلى عدد أعضاء "الجمعية الكبرى" في عهد عزرا، وإلى الأسباط الـ 12[76]. ونصّ قانون الكنيست، الصادر سنة 1951، على أن القدس المحتلة مقره، وأن مدته أربع سنوات يحل بعدها نفسه، وله أن يُحل قبل ذلك. ويظهر أثر البعد الديني في تشكيل الكنيست وعمله فيما عرف بالصراع الداخلي بين حكم القانون وحكم التوراة، وفي اعتماد التمثيل النسبي، الذي كان سائداً قبل قيام "الدولة"، مما يسمح بتمثيل الأحزاب الدينية فيه.

غير أن ذلك لم يحل دون حدوث صدامات حول طابع الدولة وتعريف اليهودي والحكم بموجب الشريعة الدينية، وإعفاء الفتيات وخريجي اليشيفوت من الخدمة العسكرية، وسط معطيات تشي بـ"تزايد عدد الهاربين من خدمتهم العسكرية، بنحو 60 ألف شخص، أغلبهم لا يمت بصلة للمدارس الدينية. وتتواتر إثارة تلك المشكلة مع كل تصعيد في المقاومة الفلسطينية، كما أثير مؤخراً خلال العدوان الإسرائيلي على قطاع غزة"[77].

ج. أسباب تنامي دور التيار الديني السياسي في الكيان الإسرائيلي:

تعددت الآراء المفسرة لتصاعد دور التيار الديني السياسي في "إسرائيل" بعد عدوان سنة 1967 حتى اليوم، فمنها من عزاه إلى إخفاق الصهيونية الاشتراكية، التي قادت الاستيطان، في تحقيق أهدافها إبان تبدد سحر نبوءة "العودة إلى الأرض" وفشل محاولة منح مضمون جديد لفكرتي "الاختيار" و"الرسالة"، مقابل دوّي الصوت المطالب

بـ"أرض إسرائيل الكاملة"، وانضمام كثيرون من أنصار العمل في صفوف اليمين، و"تساقط" الدور الطلائعي للاستيطان في ظلّ واقع جديد نشأت فيه بروليتاريا Proletariat مرتبطة بالمدينة، مقابل حدوث تغيير تدريجي حول الموقف من الدين والتقاليد، تجلى في أحداث الحرب أو في التفسير الذي مُنح لها والذي كانت أسسه قائمة، إما لجهة تقلص الدوافع العقائدية وتحول الاهتمام إلى الحياة اليومية، وازدياد أعداد ما يسمى "النازحين خارج إسرائيل" بحثاً عن المال والحياة الهانئة بعد فقدانهم لها داخلها، وإما لجهة البحث عن عقيدة بديلة بإعلان التوبة والعودة إلى التعاليم الدينية.

وفي أيار/ مايو سنة 1977 انتهت فترة طويلة من حكم حزب العمل منذ قيام الدولة بعد هزيمته في حملتين انتخابيتين (1973-1977) استتبعت بإخفاقات متوالية كان منها سنة 2006 بحصوله على 18 مقعداً مقابل 12 مقعداً لليكود و29 مقعداً لكاديما، تلاه تراجع آخر في انتخابات سنة 2009 بحصوله على 12 مقعداً، كدليل على أن نسبة لا يستهان بها من الشعب قد أدارت ظهرها لهذا الحزب ولمبادئه.

فيما أدت إحدى نتائج عدوان سنة 1967 إلى دمج إنجازات الدولة العلمانية بفكرة "الخلاص الديني" كما طورها أتباع الحاخام أبراهام إسحق كوك Abraham Isaac Kook نتيجة سيطرة "إسرائيل" على أهم المواقع التي يعتقد اليهود بقدسيتها الدينية بالنسبة لهم. ومنذ ذلك الحين، أخذت السياسة تتحول إلى مزيج من المصطلحات العنصرية العلمانية ومن الخطاب الديني والشعارات الدينية القومية لمواجهة القضايا ذات الصلة بالصراع، مثل الحروب ومواجهة الهجرة المعاكسة الناجمة عن اهتزاز القناعة العقيدية بالوجود الإسرائيلي، فيما عززت أهمية ربط البعد الأمني بالتراث القومي الديني من مكانة الدين.

لقد أخذ الخطاب الديني يبرز بوصفه خطاباً بديلاً لما يعانيه الداخل من فراغ أيديولوجي ناجم عن تراجع "روح الصهيونية" في الإدراك الإسرائيلي، بعدما فقدت

كلمة الصهيونية للأيديولوجية التي تشكل مثلاً أعلى يتجاوز المستوطنون ذاتهم الضيقة من خلاله، وفي ظلّ ما يعتقده البعض بتساقط الإجماع الصهيوني حول الاستيطان الذي يشكل ديدن الكيان الصهيوني، بخاصة بين صفوف المستوطنين الذين هاجروا إلى فلسطين المحتلة سنة 1948، ومعظمهم من العلمانيين الأشكناز Ashkenazi، بقصد تأمين الرفاهية المادية والحراك الاجتماعي، خلافاً لمستوطني الضفة الغربية المحتلة ذوي التوجه الصهيوني الديني. فضلاً عن أن البحث اليائس عن الهوية القومية لدى الجيل الشاب يؤدي إلى تصاعد القوى الدينية، ذلك لأن أشدّ الإسرائيليين علمانية يدرك أن الكنيس مكان توحيد اليهود وجمعهم، فيما يتعزز دور الدين عند التوجه إليه للتخلص من حالة القلق والحيرة الداخلية التي تنتاب الأغلبية، ومحاكاة "حصانة الاطمئنان الديني ومناعته" عند الجماعات الدينية الأرثوذكسية.

وتأخذ إحدى التفسيرات بالاعتبار مجموعة الظروف الدولية والإقليمية المتغيرة منذ نهاية ثمانينيات القرن العشرين، التي أصابت أجندة المجتمع كله بعدما كانت تدور منذ سنة 1948 حول بناء الدولة والهجرة إليها والتنمية فيها. فيما "تركزت بعد عام 1967 حول تكريس أسسها وتقدمها "كدولة إقليمية كبرى" وتحسين علاقاتها الخارجية، بينما أعطت منذ عام 1982 الأولوية للمشاكل الداخلية، بخاصة الاقتصاد وسبل استيعاب المهاجرين، وإعلاء مخاطر التهديد الخارجي لضمان تماسك المجتمع ووحدته"، وفق تفسير الكاتب الإسرائيلي باروخ كمرلينغ Baruch Kimmerling[78]، بخاصة في ظلّ تصاعد وتيرة المقاومة الفلسطينية العربية ضدّ المشروع الصهيوني والتي كان يقابلها إبرازاً للخطاب الديني من الأحزاب الدينية السياسية وتصعيداً للممارسات العدوانية ضدّ الشعب الفلسطيني.

بينما تنسب بعضها تنامي الدور إلى العامل الديموغرافي، بسبب الزيادة الطبيعية انطلاقاً من عقيدة أن التكاثر يشكل نوعاً من العبادة، مقابل الزيادة المستمرة في نسب "العائدين للدين"، أو بسبب الهجرة لأسباب دينية، فضلاً عن تأسيس بعض

الأحزاب الدينية السياسية لشبكة تعليمية وخدمية ودينية ضخمة. وقد تكمن صعوبة في التعرف على معايير ثابتة لتقسيم مجتمع معين من حيث مستوى التدين فيه، ومع ذلك قد تقف مجموعة دلائل تساعد على وضع تقسيم افتراضي، ومنها "تقسيم اليهود إلى فئة المتدينين بنسبة 20-30%، يقع 7% منهم يعرّفون أنفسهم حريديم، مقابل 25-30% علمانيين و50-55% تقليديين (الذين يحافظون على بعض التعاليم وينتهكون أخرى)، في وقت يتسم فيه الخط الفاصل أحياناً بين التقليديين والعلمانيين بالوهن وعدم الوضوح"[79]. وقد يرجع التغير في الموقف من الدين إلى النسبة الثابتة التي تحصل عليها الأحزاب الدينية السياسية في الكنيست، ورفض الموقف العلماني للأحزاب الاشتراكية الصهيونية، وتغير وجهة النظر من بعض مفاهيمها مثل رفض المنفى وتقاليده وتاريخه، وخيبة الأمل من سائر الحلول التي طرحت عليه، وبالتالي فإن عدداً ليس قليلاً يهجر الصهيونية ويعود خلف جدران الجيتو الروحية.

وثمة من يرصد مظاهر تصاعد تلك القوى في الكيان الإسرائيلي عبر حضورها في الحياة السياسية، من خلال المشاركة في الائتلافات الحكومية وفي العملية الانتخابية منذ انتخابات الكنيست الأولى سنة 1949، وتمثيلها القوة الثالثة عموماً في الحياة السياسية بعد حزبي العمل والليكود، حيث تراوح عدد مقاعدها قبل سنة 1967 بين 15-18 مقعداً. فيما انعكست نواتج العدوان على انتخابات سنة 1969 بحصولها على 18 مقعداً إثر تغليب الخطاب الديني على النتيجة باعتبارها معجزة وبداية الخلاص، وهو الأمر الذي انسحب على نتائج حرب سنة 1973 بطريقة معاكسة بتفسير الإخفاق نتيجة الابتعاد عن الدين فحصدت 17 مقعداً في انتخابات سنة 1977، فيما حافظت على عدد مقاعدها تقريباً سنة 1988 بحصد 18 مقعداً مقارنة بـ 13 سنة 1984، في ظلّ اندلاع الانتفاضة وغياب الأمن في الداخل الإسرائيلي، ثم ارتفع إلى 23 مقعداً سنة 1996 بسبب تصاعد المقاومة في جنوب لبنان والعمليات الاستشهادية في فلسطين المحتلة وتراجع الأمن وإبرام اتفاقيات السلام (أوسلو سنة 1993 والمعاهدة الأردنية — الإسرائيلية سنة 1994) ونتاج "تبني تلك الأحزاب

مواقف متشددة حيال السلام وتجاه الفلسطينيين والعرب، فحصدت 28 مقعداً
عـام 1999، ومن ثم تراجعت إلى 22 مقعداً عـام 2003 قبـل حصـد 27 مقعداً
عـام 2006"[80].

وقد صاحبت التغيرات نتائج الانتخابات التي جرت في 2009/2/10 على وقع
العدوان الإسرائيلي ضدّ قطاع غزة وصمود المقاومة الفلسطينية أمام آلة الحرب
الإسرائيلية لأكثر من 22 يوماً، التي انتهت بقرار إسرائيلي أحادي بالانسحاب في
2009/1/18، وإبان الانتخابات الأمريكية التي أفضت إلى تسلم باراك أوباما مقاليد
الرئاسة، ووسط خلافات حادة في الداخل الفلسطيني بين حركتي حماس وفتح
وصلت قمتها في منتصف حزيران/ يونيو سنة 2007 وأسفرت عن سيطرة حماس
على القطاع.

كما جرت أيضاً على وقع ذيول صمود المقاومة اللبنانية في وجه العدوان
الإسرائيلي سنة 2006، وذلك بتوجه الناخبين نحو مزيد من التشدد عبر "حصول
الليكود برئاسة بنيامين نتنياهو على 27 مقعداً مقابل 28 مقعداً لكاديما، و15
مقعداً لحزب إسرائيل بيتنا Yisrael Beiteinu برئاسة المتطرف أفيجدور ليبرمان،
وحصول شاس على 11 مقعداً ويهدوت هتوراه Yahadut HaTorah على 5 مقاعد،
بينما تراجع العمل إلى 13 مقعداً"[81]. غير أن رئيسة حزب كاديما، ليفني، وجدت
صعوبة في تشكيل الحكومة بسبب حصول أحزاب اليسار – الوسط على 55 مقعداً
مقابل ثقل تكتل اليمين في الكنيست بنحو 69 مقعداً، الذي ما لبث أن ارتفع إلى 74
بعد انضمام حزب كتلة التوراة الموحدة، وهو حزب ديني يميني متشدد يتمتع بخمسة
مقاعد في الكنيست.

هوامش الفصل الثالث

[1] يعدّ العهد القديم كتاب اليهود المقدس الأول، يقابله العهد الجديد/ الإنجيل ليشكلان معاً الكتاب المقدس. ويحظى العهد القديم بالقدسية لدى غالبية اليهود باستثناء الفريسيين منهم الذين يعلون التلمود في المقام الأول، كما سنبين لاحقاً، فيما تشكل أسفاره موضع خلاف فيما بينهم، وهي تتمثل في التوراة، وأسفار الأنبياء، والكتب. لمزيد من التفاصيل انظر: أحمد الزغيبي، **العنصرية اليهودية وآثارها في المجتمع الإسلامي والموقف منها** (الرياض: مكتبة العبيكان، 1998)، ص 84-93.

[2] **الكتاب المقدس** (القاهرة: جمعية التوراة البريطانية والأجنبية، 1938).

[3] يحوي التلمود مجموع التعاليم اليهودية التي نقلها الأحبار اليهود تفسيراً للعهد القديم واستنباطاً من أصوله. ويرتكز غالبية اليهود على التفسير البابلي، أما باقي الشرح التلمودي بما فيه تلمود القدس أو تلمود فلسطين فإنه يعمل كمرجع إضافي أو مكمل. وينقسم التلمود إلى قسمين الأول "المشناة" وهو مجموعة قوانين موجزة تقع في ستة مجلدات مكتوبة بالعبرية، إضافة إلى "الجماره" وهي سجل واسع لمناقشات تتناول "المشناة" أو تدور حولها. لمزيد من التفاصيل انظر: إسرائيل شاحاك، **الديانة اليهودية وتاريخ اليهود: وطأة 3000 عام**، ترجمة رضى سلمان (بيروت: شركة المطبوعات للتوزيع والنشر، 1997)، ص 74-75.

[4] سفر التثنية، الإصحاح (7).

[5] سفر الخروج، الإصحاح (33).

[6] سفر التكوين، الإصحاح (16).

[7] سفر التكوين، الإصحاح (15).

[8] سفر التكوين، الإصحاح (19).

[9] سفر التثنية، الإصحاح (7).

[10] سفر الخروج، الإصحاح (15).

[11] سفر القضاة، الإصحاح الأول.

[12] السامريون: طائفة يهودية، اشتُقَّ اسمها من السامرة عاصمة المملكة الإسرائيلية، يؤمنون بأسفار موسى عليه السلام الخمسة إضافة إلى سفري يشوع والقضاة ويرفضون ما عداها باعتبارها من صنع البشر، يعيش أغلبهم في نابلس ويؤمنون بعودة المسيح المنتظر إلى الجبل المقدس (جريزيم) في نابلس ويرفضون المشاركة في السعي لإعادة الهيكل حتى يعود المسيح. أما الصدوقيون فهم طائفة يهودية اشتُقَّ اسمها من الكلمة العبرية (صدوقيم) نسبة إلى صادوق كبير الكهنة في عهد سليمان عليه السلام. والصدوقيون من الكهنة مرتبطين بالهيكل ويؤمنون بالعهد القديم فقط. أما القراؤون فهم طائفة يهودية أسسها عنان بن داود في العراق، يؤمنون فقط بالعهد القديم ويرفضون تعاليم التلمود، ويقيم أكثرهم في العراق وإيران والشام وتركيا ومصر. لمزيد من التفاصيل انظر: أحمد الزغيبي، **مرجع سابق**، ص 101-102.

[13] الفريسيون: طائفة يهودية اشتُقَّ اسمها من الكلمة العبرية (بيروشيم) أي المنعزلون، ويلقبون بلقب الحاخامات وهم من المدافعين عن التلمود، وقد انتهى أمر هذه الطائفة بعد تحطيم الهيكل عام 70م لترثها طائفة الربانيين المؤيدة للأهداف الصهيونية في فلسطين المحتلة. انظر في ذلك: **المرجع نفسه**، ص 102.

[14] Sanhedrin, 58. ورد في: أوغست روهلنغ، **الكنز المرصود في قواعد التلمود**، ترجمة يوسف نصر الله (بيروت: دار العلوم، 1987)، ص 151.

[15] كومارات كوماه، ص39. ورد في: **المرجع نفسه**، ص 152.

[16] Jad. Ch, 4, 11, 3, f, 31, 1. ورد في: **المرجع نفسه**، ص 157.

[17] موسى بن ميمون، ميشناة توراة، قوانين بشأن القتلة، 2، 11. ورد في: إسرائيل شاحاك، **الديانة اليهودية وتاريخ اليهود: وطأة 3000 عام**، ص 136.

[18] لمزيد من التفاصيل انظر: جريس هالسل، **النبوءة والسياسة**، ترجمة محمد السماك (القاهرة: دار الشروق، 2003)، ص 32-36.

[19] لمزيد من التفاصيل انظر: روجيه جارودي، **إسرائيل بين اليهودية والصهيونية**، ترجمة حسين حيدر (بيروت: دار التضامن، 1990)، ص 53-61؛ وجمال حمدان، **اليهود أنثروبولوجياً** (القاهرة: دار الهلال، 1996)، ص 45-52.

[20] Jacob Klatzkin, "Boundaries 1914-1921," in Arthur Hertzbery, *Zionist Idea: A Historical Analysis and Reader* (New York: Hertz Press, 1959), p. 317.

[21] Nahum Sokolov, *History of Zionism 1600-1918* (Longmans, London: Green and Co., 1919), p. 17.

[22] *Ibid.*, pp. 8-17.

[23] Lenni Brenner, *Zionism in the Age of Dictators* (London: Croom Helm Ltd., 1983), p. 19.

[24] *Encyclopaedia Judaica*, pp. 610-612.

[25] Martin Buber, *Israel and Palestine: The History of an Idea*, Translated by Stanley Goodman (London: East and West Library, 1952), p. 18.

[26] لمزيد من التفاصيل انظر: ساطع الحصري، **ما هي القومية؟ أبحاث ودراسات على ضوء الأحداث والنظريات** (بيروت: مركز دراسات الوحدة العربية، 1985)؛ وبويد شيفر، **القومية: عرض وتحليل**، ترجمة جعفر حضباك (بيروت: دار مكتبة الحياة، 1966)، ص 4.

[27] ثيودور هرتزل، **دولة اليهود: محاولة لإيجاد حلّ حديث للمسألة اليهودية**، ترجمة مؤسسة الأبحاث العربية (بيروت: مؤسسة الأبحاث العربية، 1997)، ص 40.

[28] كلود كلاين، "مكانة الدين في إسرائيل: تفسير ديموغرافي،" مجلة **شؤون الأوسط**، مركز الدراسات الاستراتيجية والبحوث والتوثيق، 2003، ص 47-55؛ وانظر: عبد القادر عبد العالي، "التصدعات الاجتماعية وتأثيرها في النظام الحزبي الإسرائيلي،" مجلة **المستقبل العربي**، مركز دراسات الوحدة العربية، بيروت، العدد 380، 2010، ص 20-23.

Jonthan Caplan, *Religion and State in Israel* (Tel-Aviv: The Jewish Agency for [29]
Israel, 2000), p. 56.

[30] لمزيد من التفاصيل حول رفض اليهود للصهيونية انظر: ياكوف رابكن، **المناهضة اليهودية للصهيونية**،
ترجمة دعد عائدة (بيروت: مركز دراسات الوحدة العربية، 2006)، ص 42-43. وحول دعوة
الفصل بين الدين والسياسة انظر في ذلك: هآرتس، 2010/8/7.

Regina Sharif, *Non – Jewish Zionism: Its Roots in Western History* (London: Zed [31]
Press, 1983), p. 122.

Jay Y. Gonen, *A Psychohistory of Zionism* (New York: New American Library, [32]
1975), pp. 137-140.

[33] ثيودور هرتزل، **مرجع سابق**، ص 101.

Martin Buber, *op. cit.*, p. 47. [34]

Yosef Gorny, *Zionism and the Arabs 1882-1948: A Study of Ideology* (Oxford: [35]
Clarendon, Press, 1987), p. 27.

[36] عفيف البوني، "صورة العرب في العقل الغربي من خلال الموسوعات العلمية الغربية،" **مجلة المستقبل
العربي**، مركز دراسات الوحدة العربية، بيروت، العدد 101، 1987، ص 21-22.

Charles S. Liebman, *Civil Religion in Israel: Traditional Judaism and Political Culture* [37]
in the Jewish State (Berkeley: University of California Press, 1983), pp. 29-31.

[38] لمزيد من التفاصيل حول مقولات القادة الصهاينة حول مفهوم الاستعادة انظر:

Maxime Rodinson, *Cult, Ghetto, and State: The Persistence of the Jewish Question*,
Translated by Jon Roth Schild (London: Zed Press, 1983), p. 139.

[39] سفر التكوين، الإصحاح (9).

Vladimir Jabotinsky, *The War and the Jew* (New York: The Dial Press, 1942), p. 106. [40]

Lenni Brenner, *op. cit.*, p. 18. [41]

[42] لمزيد من التفاصيل حول هذا الموضوع انظر:

Walter Laqueur, *The Terrible Secret: Suppression of the Truth about Hitler's Final
Solution* (London: Penguin Books, 1980), pp. 196-197.

وانظر أيضاً: يورغن غراف، **المذبحة تحت المجهر: "الهولوكست" شهادات عينية أم قوانين الطبيعة؟
دراسة علمية لفضح أكاذيب الصهيونية**، ترجمة جواد بشارة (دمشق: دار المدى للثقافة والنشر،
1995)، ص 33.

Richard Grunberger, *Germany (1918-1945)* (London: B. T. Batsford Ltd., 1964), [43]
pp. 192-195; and I. Rennap, *Anti - Semitism and the Jewish Question* (London:
Lawrence and Wishar Ltd., 1943), p. 61.

Encyclopaedia Judaica, vol. 9, p. 652. [44]

Walter Laqueur, *A History of Zionism* (New York: Schocken Books, 1976), p. 363. [45]

[46] عبد الوهاب المسيري، في الخطاب والمصطلح الصهيوني: دراسة نظرية وتطبيقية (القاهرة: دار الشروق، 2003)، ص 30.

[47] قدرت دائرة الإحصاء الإسرائيلية أن عدد السكان في الكيان المحتل سنة 2010 بلغ حوالي 7.7 ملايين نسمة، من بينهم قرابة 270 ألف فلسطيني في شرقي القدس، وحوالي 25 ألف سوري في هضبة الجولان المحتلة، إضافة إلى نحو 1.3 مليون فلسطيني، مشكلين حوالي 17% من مجمل السكان، مقابل حوالي 5.8 ملايين يهودي. بينما هناك 320 ألف شخص لم تسجل ديانتهم أو قوميتهم. انظر: محسن صالح (محرر)، التقرير الاستراتيجي الفلسطيني لسنة 2010، ص 71-73.

[48] حسين أبو النمل، "الهجرة والهجرة المضادة من إسرائيل،" مجلة المستقبل العربي، مركز دراسات الوحدة العربية، بيروت، العدد 365، 2009، ص 66-67.

[49] إليشع أفرات، "جغرافية الاستيطان في إسرائيل عام 2000،" في الكيان الصهيوني عام 2000، ترجمة سمير جبور وآخرين (قبرص: وكالة المنار للصحافة والنشر المحدودة، 1986)، ص 125.

[50] المؤتمر الصهيوني السابع والعشرون عام (1968)، ترجمة مركز الدراسات الفلسطينية والصهيونية بالأهرام (القاهرة: مركز الدراسات الفلسطينية والصهيونية بالأهرام، 1971)، ص 1003-1004.

[51] تقرير لمركز الإحصاء الفلسطيني نشر في: الغد، 2010/10/5.

[52] حسن ابحيص وخالد عايد، الجدار العازل في الضفة الغربية، سلسلة أولست إنساناً (8) (بيروت: مركز الزيتونة للدراسات والاستشارات، 2010)، ص 15.

[53] دائرة شؤون المفاوضات في منظمة التحرير الفلسطينية، عين على فلسطين (رام الله: دائرة شؤون المفاوضات في منظمة التحرير الفلسطينية، 2010)، ص 6-8.

[54] روجيه جارودي، الأساطير المؤسسة للسياسة الإسرائيلية (القاهرة: دار الشروق، 1998)، ص 228-235.

[55] Michael Bar- Zohar, *The Armed Propet: A Biography of Ben Guion*, Translated by Len Ortzen (London: Arthur Limited., 1967), p. 133.

[56] مئير كاهاناه، شوكة في عيونكم، ترجمة غازي السعدي (عمّان: دار الجليل للنشر والدراسات والأبحاث الفلسطينية، 1985)، ص 25-26.

[57] جريدة الحياة الجديدة، رام الله، 2008/3/30.

[58] Barnet Litvinoff, *Road to Jerusalem: Zionism's Imprint on History* (London: Weidenfeld and Nicolson, 1965), pp. 163-164.

[59] أنطوان شلحت، "منهاج التعليم الإسرائيلي: ما زال السلام خارج حدود المدرسة،" مجلة قضايا إسرائيلية، المركز الفلسطيني للدراسات الإسرائيلية "مدار"، العدد 3، 2001، ص 83-84.

[60] إيمانويل راتييه، إرهابيو إسرائيل، ترجمة حياة عطية (عمّان: جمعية عمال المطابع التعاونية، 2001)، ص 58.

[61] محسن صالح (محرر)، التقرير الاستراتيجي الفلسطيني لسنة 2010، ص 87-88.

[62] Yigal Allon, *The Making of Israel's Army* (London, Vallentine, Mitchell, 1970), p. 7; and Amos Perlmutter, *Military and Politics in Israel: Nation- Building and Role Expansion* (London: Frank Cass, 1969), pp. 115-116.

63 لمزيد من التفاصيل عن مجتمع اليشوف والمجموعات المدرجة في إطاره، انظر:
Israel Cohen, *Jewish Life in Modern Times with Fifteen Illustrations and two Maps* (London: Methuen, 1929), p. 50; and Shmuel Noah Eisenstadt, *Israeli Society: Publication Series in the History of Zionism and Yishuv, The Institute of Contemporary Jewry, the Hebrew University of Jerusalem* (London: Weidenfeld and Nicolson, 1969), p. 309.

64 المنورا: كلمة عبرية تعني بالعربية الشمعدان وهو الشمعدان الذهبي ذو الفروع السبعة. وتأخذ المنورا شكل الشجرة وتأخذ فروعها شكل زهور اللوز مما يشير إلى شجرة الحياة. وتشير بعض التفسيرات إلى أن عدد الأفرع يشير إلى عدد أيام الأسبوع، وتتخذ "دولة إسرائيل" من المنورا شعاراً رسمياً للدولة.
شمعدان الحانوكا: يختلف عن الشمعدان العادي في أن له ثمانية أفرع بعدد أيام الاحتفال حيث تشعل الشمعة الموجودة في كل فرع من فروعها في مساء كل يوم من شمعة مشتعلة باستمرار موجودة في فرع منفصل عن الفروع الثمانية في الشمعدان. وتذكر المنورا اليهود بثورة المكابيين الذين وضعوا رماحهم على هيئة فروع المنورا للإبقاء على الرمز الديني بعد دخولهم إلى الهيكل.
عيد الشعلة: يوافق 16 من شهر أيار/ مايو حيث يحتفل به اليهود بمناسبة انتصار المكابيين على الرومان. انظر: *Encyclopaedia Judaica*, vol. 23, p. 101.

65 Israel Cohen, *The Zionist Movement* (London: Frederick Muller, 1945), pp. 125-126.

66 ياكوف رابكن، **المناهضة اليهودية للصهيونية**، ص 25. وانظر: يائير شيلغ، **المتدينون الجدد: نظرة راهنة على المجتمع الديني في إسرائيل**، ترجمة سعيد عياش (رام الله: المركز الفلسطيني للدراسات الإسرائيلية "مدار"، 2002)، ص 29-67.

67 إسرائيل كولت، "ديفيد بن جوريون وجيله،" في **آباء الحركة الصهيونية**، ترجمة عبد الكريم النقيب (عمّان: دار الجليل للنشر والدراسات والأبحاث الفلسطينية، 1987)، ص 112.

68 *Encyclopaedia Judaica*, vol. 9, p. 652.

69 اللجنة الملكية لشؤون القدس، **الاستيطان اليهودي في مدينة القدس** (عمّان: اللجنة الملكية لشؤون القدس، 2009)، ص 10-15؛ وانظر: سري مقدسي، "مشروع عنصري: إعادة تكوين مجتمع القدس،" مجلة **المستقبل العربي**، مركز دراسات الوحدة العربية، بيروت، العدد 375، 2010، ص 86-87.

70 **الحياة الجديدة**، 2003/6/5.

71 **الغد**، 2010/10/14.

72 Norman Zucker, *The Coming Crisis in Israel: Private Faith and Public Policy* (Cambridge: MIT Press, Cambridge Press, 1973), p. 83.

73 عبد الغفار الدويك، "تصاعد التيار الديني في الجيش،" مجلة **السياسة الدولية**، مؤسسة الأهرام، العدد 144، 2001، ص 230-234.

74 جريدة **إسرائيل اليوم** (عبرية)، تل أبيب، 2009/2/4.

[75] **الدستور**، 2009/4/7.

[76] مأمون كيوان، "مستقبل المجتمع الإسرائيلي: جدل الاستقرار والتعايش الذاتي،" مجلة **شؤون الأوسط**، مركز الدراسات الاستراتيجية والبحوث والتوثيق، العدد 101، 2001، ص 39-41.

[77] **الدستور**، 2009/10/28.

[78] باروخ كمرلينغ، **التصفية: حرب أرئيل شارون ضدّ الفلسطينيين**، ترجمة سمر عدنان (بيروت: الحوار الثقافي، 2005)، ص 26.

[79] إسرائيل شاحاك ونورتون ميزفينسكي، **مرجع سابق**، ص 45؛ وانظر أيضاً: جريدة **يديعوت أحرونوت**، 2010/6/15.

[80] انظر: بيسان عدوان، "حزب شارون الجديد ومستقبل الدولة الفلسطينية،" مجلة **السياسة الدولية**، مؤسسة الأهرام، العدد 163، 2006، ص 134-136.

[81] **يديعوت أحرونوت**، 2009/2/13.

الخاتمة

لا يضمن حلّ الدولتين تطبيق حقّ عودة اللاجئين الفلسطينيين إلى ديارهم وأراضيهم التي هُجّروا منها سنة 1948، حيث يحمل محذور الحديث عن الدولة الفلسطينية بلغة الوضع النهائي، بمعنى الدولة قبل الحل، بما يتضمن اختزالاً وتصفية للحقوق الوطنية الفلسطينية، فضلاً عن تناقضه البنيوي مع حقّ عودة اللاجئين إلى ديارهم وأراضيهم، إذ إن تنفيذ هذا المقترح قبل الاعتراف بحقّ العودة، إضافة إلى قضايا الوضع النهائي الأخرى، من شأنه أن يلغي قضية اللاجئين عبر تحويلهم إلى مهاجرين في الخارج يستطيعون العودة إذا رغبوا في ذلك إلى "دولتهم المستقبلية" وليس إلى ديارهم وأراضيهم التي طردوا منها.

فيما تحمل خريطة الطريق، التي يصر الجانب الفلسطيني العربي على الالتزام الإسرائيلي بها على الرغم من رفضه المتواتر لها، محاذير شطب حقّ العودة، بعدما واءمت اللجنة الرباعية الدولية موقفها وخريطتها وفقاً لوقائع الاحتلال المفروضة على الأرض المحتلة، وفي ظلّ افتقادها مرجعية قانونية وسياسية تتمتع بصلاحية الرقابة على التنفيذ ودفع الأطراف للالتزام بما ورد فيها. فوجدت "إسرائيل" الطريق ممهداً للالتفاف حول الخطة وتفريغها من مضمونها، تزامناً مع فرض الوقائع الاستيطانية على الأرض واستكمال بناء جدار الفصل العنصري الذي يعمل على تقطيع أوصال الضفة الغربية بشكل يستحيل معه قيام "دولة فلسطينية" متصلة جغرافياً. في الوقت الذي تحاول فيه حكومة الاحتلال الالتفاف على حقّ العودة وحقوق الفلسطينيين في فلسطين المحتلة سنة 1948 بوضع شرط الاعتراف الفلسطيني بـ"يهودية الدولة" في المفاوضات المباشرة، الأمر الذي يحمل محاذير شطب حقّ عودة اللاجئين الفلسطينيين إلى أراضيهم وديارهم التي هُجّروا منها بفعل العدوان الإسرائيلي سنة 1948 وحرمان المواطنين الفلسطينيين في فلسطين المحتلة سنة 1948 من حقهم في وطنهم.

لقد قاد مسار أوسلو إلى إيجاد مأزق ناجم عن عدم الاتفاق على قضايا الوضع النهائي التي تشكل جوهر القضية الفلسطينية وأسّ الحقوق الوطنية المشروعة، بعدما أجلها إلى المرحلة النهائية من المفاوضات، فيما كان من المفترض انتهاء المرحلة الانتقالية منه سنة 1999، ليس لأن الاتفاق يحمل بذور فشله، أو لاختلال موازين القوى لصالح "إسرائيل" فحسب، وإنما أيضاً، لإصرار الكيان المحتل على تحكيم هذا الخلل في عملية فرض تسوية مرفوضة لا تحقق الحدّ الأدنى من حقوق الشعب الفلسطيني في التحرير وتقرير المصير، مما أحدث مأزقاً حرجاً وأوضاعاً متدهورة في الأراضي الفلسطينية المحتلة ومساراً تفاوضياً متعثراً حيناً وجامداً أحياناً، على الرغم من تتابع المؤتمرات والاتفاقيات التي لم تفض إلى شيء.

وقد دفعت سياسات الاحتلال العدوانية إلى انطلاق دعوات من داخل الأراضي الفلسطينية المحتلة وعبر شبكات التواصل الاجتماعي على الانترنت إلى انتفاضة فلسطينية ثالثة ضدّ الاحتلال، مدعومة باتفاق المصالحة الفلسطينية الذي وقعت عليه كافة القوى والفصائل مطلع شهر أيار/ مايو من سنة 2011، لإنهاء أربع سنوات من الانقسام، وذلك بفعل عوامل داخلية طالت الوضع المأزوم الذي تعيشه حركتي فتح وحماس، وأخرى خارجية، من دون استبعاد تأثير رياح "الربيع العربي" وثورات التغيير في عدد من الدول العربية، مما يجعل نجاح المصالحة وضمان استمراريتها مرهوناً بالمحددات الداخلية والخارجية نفسها، في وقت يحمل فيه الاتفاق قضايا إشكالية خلافية جرى تأجيل بحثها إلى اللجان المتشكلة، وفي مقدمتها ملفات الأمن وإعادة تفعيل منظمة التحرير والبرنامج السياسي.

كما انبثقت مطالبات فلسطينية من بين ثنايا الحصار والعدوان الإسرائيلي ضدّ الشعب الفلسطيني تقضي بحل السلطة الفلسطينية وإعادة الوضع إلى ما كان عليه قبل أوسلو، مما يضع الاحتلال على المحك بتوريطه في ما لا يريد، بحيث تعود مسؤوليته المباشرة عن الفلسطينيين بحكم كونه السلطة المحتلة، ويعيد للفلسطينيين القوة التي فقدوها بتوقيع أوسلو والدخول في "أنبوب" المفاوضات، ويقلب تهديد

الاحتلال الإسرائيلي لهم بالانكفاء الذي سيفقدهم الأرض والاستقلال، فيهددونها بالانكفاء الذي سيفقدها هدف وجودها ويحولها مع مرور الوقت إلى دولة ذات أغلبية فلسطينية، ما يسهم في تحييد الضغوط الخارجية بعدما بات الشأن الداخلي والمسار السياسي للفلسطينيين منذ دخول التسوية مرتهنين لقوى "إسرائيل" وأمريكا والاتحاد الأوروبي. وبالرغم من أن السلطة الفلسطينية لوحت بتهديد "حلها"، ولكنها وضعته في آخر قائمة "البدائل" التي طرحتها للخروج من مأزق المفاوضات المباشرة مع الجانب الإسرائيلي، وعدّته حلاً قائماً ولكنه مؤجل.

إن استمرار المقاومة الفلسطينية والثبات على المواقف الوطنية والتصدي لأية محاولة انزلاق نحو حدوث "فلتان سياسي" أو تمرير تسوية غير عادلة، إلى جانب ترتيب البيت الداخلي وتعزيز الوحدة الوطنية، من شأنه التصدي لطروحات تصفية القضية الفلسطينية والالتفاف حول الحقوق الفلسطينية المشروعة والوقوف ضدّ سياسة الاحتلال التوسعية الاستيطانية التهويدية.

إصدارات مركز الزيتونة للدراسات والاستشارات

أولاً: الإصدارات باللغة العربية:

1. بشير نافع ومحسن صالح، محرران، التقرير الاستراتيجي الفلسطيني لسنة 2005، 2006.

2. محسن صالح، محرر، التقرير الاستراتيجي الفلسطيني لسنة 2006، 2007.

3. محسن صالح، محرر، التقرير الاستراتيجي الفلسطيني لسنة 2007، 2008.

4. محسن صالح، محرر، التقرير الاستراتيجي الفلسطيني لسنة 2008، 2009.

5. محسن صالح، محرر، التقرير الاستراتيجي الفلسطيني لسنة 2009، 2010.

6. محسن صالح، محرر، التقرير الاستراتيجي الفلسطيني لسنة 2010، 2011.

7. محسن صالح ووائل سعد، محرران، مختارات من الوثائق الفلسطينية لسنة 2005، 2006.

8. محسن صالح ووائل سعد، محرران، الوثائق الفلسطينية لسنة 2006، 2008.

9. محسن صالح ووائل سعد، محرران، الوثائق الفلسطينية لسنة 2007، 2009.

10. محسن صالح ووائل سعد وعبد الحميد فخري الكيالي، محررون، الوثائق الفلسطينية لسنة 2008، 2011.

11. وائل سعد، الحصار: دراسة حول حصار الشعب الفلسطيني ومحاولات إسقاط حكومة حماس، 2006.

12. محمد عارف زكاء الله، الدين والسياسة في أميركا: صعود المسيحيين الإنجيليين وأثرهم، ترجمة أمل عيتاني، 2007.

13. أحمد سعيد نوفل، دور إسرائيل في تفتيت الوطن العربي، 2007.

14. محسن صالح، محرر، منظمة التحرير الفلسطينية: تقييم التجربة وإعادة البناء، 2007.

15. محسن صالح، محرر، قراءات نقدية في تجربة حماس وحكومتها 2006-2007، 2007.

16. خالد وليد محمود، آفاق الأمن الإسرائيلي: الواقع والمستقبل، 2007.

17. حسن ابحيص ووائل سعد، **التطورات الأمنية في السلطة الفلسطينية 2006-2007**، ملف الأمن في السلطة الفلسطينية (1)، 2008.

18. محسن صالح، محرر، **صراع الإرادات: السلوك الأمني لفتح وحماس والأطراف المعنية 2006-2007**، ملف الأمن في السلطة الفلسطينية (2)، 2008.

19. مريم عيتاني، **صراع الصلاحيات بين فتح وحماس في إدارة السلطة الفلسطينية 2006-2007**، 2008.

20. نجوى حساوي، **حقوق اللاجئين الفلسطينيين بين الشرعية الدولية والمفاوضات الفلسطينية – الإسرائيلية**، 2008.

21. محسن صالح، محرر، **أوضاع اللاجئين الفلسطينيين في لبنان**، 2008.

22. إبراهيم غوشة، **المئذنة الحمراء**، 2008.

23. عدنان أبو عامر، مترجم، **دروس مستخلصة من حرب لبنان الثانية (تموز 2006): تقرير لجنة الخارجية والأمن في الكنيست الإسرائيلي**، 2008.

24. عدنان أبو عامر، **ثغرات في جدار الجيش الإسرائيلي**، 2009.

25. قصي أحمد حامد، **الولايات المتحدة والتحول الديموقراطي في فلسطين**، 2009.

26. أمل عيتاني وعبد القادر علي ومعين منّاع، **الجماعة الإسلامية في لبنان منذ النشأة حتى 1975**، 2009.

27. سمر جودت البرغوثي، **سمات النخبة السياسية الفلسطينية قبل وبعد قيام السلطة الوطنية الفلسطينية**، 2009.

28. عبد الحميد الكيالي، محرر، **دراسات في العدوان الإسرائيلي على قطاع غزة: عملية الرصاص المصبوب/ معركة الفرقان**، 2009.

29. عدنان أبو عامر، مترجم، **قراءات إسرائيلية استراتيجية: التقدير الاستراتيجي الصادر عن معهد أبحاث الأمن القومي الإسرائيلي**، 2009.

30. سامح خليل الوادية، **المسؤولية الدولية عن جرائم الحرب الإسرائيلية**، 2009.

31. محمد عيسى صالحية، **مدينة القدس: السكان والأرض (العرب واليهود) 1275-1368 هـ/ 1858-1948 م**، 2009.

32. رأفت فهد مرة، الحركات والقوى الإسلامية في المجتمع الفلسطيني في لبنان: النشأة –
الأهداف – الإنجازات، 2010.

33. سامي الصلاحات، فلسطين: دراسات من منظور مقاصد الشريعة الإسلامية، ط 2
(بالتعاون مع مؤسسة فلسطين للثقافة)، 2010.

34. محسن صالح، محرر، دراسات في التراث الثقافي لمدينة القدس، 2010.

35. مأمون كيوان، فلسطينيون في وطنهم لا دولتهم، 2010.

36. عبد الرحمن محمد علي، محرر، إسرائيل والقانون الدولي، 2011.

37. كريم الجندي، صناعة القرار الإسرائيلي: الآليات والعناصر المؤثرة، ترجمة أمل عيتاني،
2011.

38. وسام أبي عيسى، الموقف الروسي تجاه حركة حماس: 2006-2010، 2011.

39. سامي محمد الصلاحات، الأوقاف الإسلامية في فلسطين ودورها في مواجهة الاحتلال
الإسرائيلي، 2011.

40. نادية سعد الدين، حق عودة اللاجئين الفلسطينيين: بين حل الدولتين ويهودية الدولة،
2011.

41. عباس إسماعيل، عنصرية إسرائيل: فلسطينيو 48 نموذجاً، سلسلة أولست إنساناً؟
(1)، 2008.

42. حسن ابحيص وسامي الصلاحات ومريم عيتاني، معاناة المرأة الفلسطينية تحت
الاحتلال الإسرائيلي، سلسلة أولست إنساناً؟ (2)، 2008.

43. أحمد الحيلة ومريم عيتاني، معاناة الطفل الفلسطيني تحت الاحتلال الإسرائيلي، سلسلة
أولست إنساناً؟ (3)، 2008.

44. فراس أبو هلال، معاناة الأسير الفلسطيني في سجون الاحتلال الإسرائيلي، سلسلة
أولست إنساناً؟ (4)، 2009.

45. ياسر علي، المجازر الإسرائيلية بحق الشعب الفلسطيني، سلسلة أولست إنساناً؟ (5)،
2009.

46. مريم عيتاني ومعين مناع، **معاناة اللاجئ الفلسطيني**، سلسلة أولست إنساناً؟ (6)، 2009.

47. محسن صالح، **معاناة القدس والمقدسات تحت الاحتلال الإسرائيلي**، سلسلة أولست إنساناً؟ (7)، 2011.

48. حسن ابحيص وخالد عايد، **الجدار العازل في الضفة الغربية**، سلسلة أولست إنساناً؟ (8)، 2010.

49. فاطمة عيتاني وعاطف دغلس، **معاناة المريض الفلسطيني تحت الاحتلال الإسرائيلي**، سلسلة أولست إنساناً؟ (11)، 2011.

50. قسم الأرشيف والمعلومات، مركز الزيتونة، **معاناة قطاع غزة تحت الحصار الإسرائيلي**، سلسلة تقرير معلومات (1)، 2008.

51. قسم الأرشيف والمعلومات، مركز الزيتونة، **معابر قطاع غزة: شريان حياة أم أداة حصار**، سلسلة تقرير معلومات (2)، 2008.

52. قسم الأرشيف والمعلومات، مركز الزيتونة، **أثر الصواريخ الفلسطينية في الصراع مع الاحتلال الإسرائيلي**، سلسلة تقرير معلومات (3)، 2008.

53. قسم الأرشيف والمعلومات، مركز الزيتونة، **مسار المفاوضات الفلسطينية الإسرائيلية ما بين "أنابوليس" والقمة العربية في دمشق (خريف 2007 – ربيع 2008)**، سلسلة تقرير معلومات (4)، 2008.

54. قسم الأرشيف والمعلومات، مركز الزيتونة، **الفساد في الطبقة السياسية الإسرائيلية**، سلسلة تقرير معلومات (5)، 2008.

55. قسم الأرشيف والمعلومات، مركز الزيتونة، **الثروة المائية في الضفة الغربية وقطاع غزة بين الحاجة الفلسطينية والانتهاكات الإسرائيلية**، سلسلة تقرير معلومات (6)، 2008.

56. قسم الأرشيف والمعلومات، مركز الزيتونة، **مصر وحماس**، سلسلة تقرير معلومات (7)، 2009.

57. قسم الأرشيف والمعلومات، مركز الزيتونة، **العدوان الإسرائيلي على قطاع غزة (2009/1/18-2008/12/27)**، سلسلة تقرير معلومات (8)، 2009.

58. قسم الأرشيف والمعلومات، مركز الزيتونة، **حزب كاديما**، سلسلة تقرير معلومات (9)، 2009.

59. قسم الأرشيف والمعلومات، مركز الزيتونة، **الترانسفير (طرد الفلسطينيين) في الفكر والممارسات الإسرائيلية**، سلسلة تقرير معلومات (10)، 2009.

60. قسم الأرشيف والمعلومات، مركز الزيتونة، **الملف الأمني بين السلطة الفلسطينية وإسرائيل**، سلسلة تقرير معلومات (11)، 2009.

61. قسم الأرشيف والمعلومات، مركز الزيتونة، **اللاجئون الفلسطينيون في العراق**، سلسلة تقرير معلومات (12)، 2009.

62. قسم الأرشيف والمعلومات، مركز الزيتونة، **أزمة مخيم نهر البارد**، سلسلة تقرير معلومات (13)، 2010.

63. قسم الأرشيف والمعلومات، مركز الزيتونة، **المجلس التشريعي الفلسطيني في الضفة الغربية وقطاع غزة 2010-1996**، سلسلة تقرير معلومات (14)، 2010.

64. قسم الأرشيف والمعلومات، مركز الزيتونة، **الأونروا: برامج العمل وتقييم الأداء**، سلسلة تقرير معلومات (15)، 2010.

65. قسم الأرشيف والمعلومات، مركز الزيتونة، **دور الاتحاد الأوروبي في مسار التسوية السلمية للقضية الفلسطينية**، سلسلة تقرير معلومات (16)، 2010.

66. قسم الأرشيف والمعلومات، مركز الزيتونة، **تركيا والقضية الفلسطينية**، سلسلة تقرير معلومات (17)، 2010.

67. قسم الأرشيف والمعلومات، مركز الزيتونة، **إشكالية إعطاء اللاجئين الفلسطينيين في لبنان حقوقهم المدنية**، سلسلة تقرير معلومات (18)، 2011.

68. قسم الأرشيف والمعلومات، مركز الزيتونة، **حزب العمل الإسرائيلي**، سلسلة تقرير معلومات (19)، 2011.

ثانياً: الإصدارات باللغة الإنجليزية:

69. Mohsen M. Saleh and Basheer M. Nafi, editors, *The Palestinian Strategic Report 2005*, 2007.
70. Mohsen M. Saleh, editor, *The Palestinian Strategic Report 2006*, 2010.
71. Mohsen M. Saleh, editor, *The Palestinian Strategic Report 2007*, 2010.
72. Mohsen M. Saleh, editor, *The Palestinian Strategic Report 2008*, 2010.
73. Mohsen M. Saleh, editor, *The Palestinian Strategic Report 2009/10*, 2011.
74. Muhammad Arif Zakaullah, *Religion and Politics in America: The Rise of Christian Evangelists and Their Impact*, 2007.
75. Mohsen M. Saleh and Ziad al-Hasan, *The Political Views of the Palestinian Refugees in Lebanon as Reflected in May 2006*, 2009.
76. Ishtiaq Hossain and Mohsen M. Saleh, *American Foreign Policy & the Muslim World*, 2009.
77. Abbas Ismail, *The Israeli Racism: Palestinians in Israel: A Case Study*, Book Series: Am I Not a Human? (1), translated by Aladdin Assaiqeli, 2009.
78. Hasan Ibhais, Mariam Itani and Sami al-Salahat, *The Suffering of the Palestinian Woman Under the Israeli Occupation*, Book Series: Am I Not a Human? (2), translated by Iman Itani, 2010.
79. Ahmad el-Helah and Mariam Itani, *The Suffering of the Palestinian Child Under the Israeli Occupation*, Book Series: Am I Not a Human? (3), translated by Iman Itani, 2010.
80. Firas Abu Hilal, *The Suffering of the Palestinian Prisoners & Detainees under the Israeli Occupation*, Book Series: Am I Not a Human? (4), translated by Baraah Darazi, 2011.
81. Mariam Itani and Mo'in Manna', *The Suffering of the Palestinian Refugee*, Book Series: Am I Not a Human? (6), translated by Salma al-Houry, 2010.

Printed in the United States
By Bookmasters

T0064711